民法典护航乡村振兴丛书

民法典与美丽乡村建设

张力 主编

西南大学出版社
国家一级出版社 全国百佳图书出版单位

图书在版编目(CIP)数据

民法典与美丽乡村建设 / 张力主编. -- 重庆 : 西南大学出版社, 2023.4
(民法典护航乡村振兴丛书)
ISBN 978-7-5697-1777-8

Ⅰ. ①民… Ⅱ. ①张… Ⅲ. ①农业环境－环境保护法－研究－中国 Ⅳ. ①D922.680.4

中国国家版本馆CIP数据核字(2023)第076828号

民法典与美丽乡村建设

MINFADIAN YU MEILI XIANGCUN JIANSHE

主　　编： 张　力
编　　写： 丁　诚　彭　伟　江婧媛　张思偲　张　力

责任编辑： 路兰香
责任校对： 张燕妮
装帧设计： 起源
排　　版： 张　祥
出版发行： 西南大学出版社
地址：重庆市北碚区天生路2号
邮编：400715
市场营销部电话：023-68868624
印　　刷： 重庆华林天美印务有限公司
幅面尺寸： 148mm×210mm
印　　张： 4.875
字　　数： 98千字
版　　次： 2023年4月 第1版
印　　次： 2023年11月 第2次印刷
书　　号： ISBN 978-7-5697-1777-8

定　　价： 19.80元

杨青贵　西南政法大学经济法学院副教授

陈耿华　西南政法大学经济法学院副教授

杨　頔　重庆师范大学马克思主义学院副教授

胡　涛　北京市京师(武汉)律师事务所主任

付庆刚　北京市京师(成都)律师事务所主任

李　豪　北京市京师(西安)律师事务所主任

卜传武　北京市京师(昆明)律师事务所主任

左胜高　北京市京师(珠海)律师事务所主任

柳向魁　北京市京师(无锡)律师事务所主任

刘宏辉　北京市京师(杭州)律师事务所主任

孙　勇　北京市京师(合肥)律师事务所主任

黄文忠　北京市京师(中山)律师事务所执行主任

唐菊雄　北京市京师(长沙)律师事务所主任

陈旭民　北京市京师(深圳)律师事务所主任

董必成　北京市京师(银川)律师事务所主任

张国娟　北京市京师(太原)律师事务所主任

杨嘉文　北京市京师(泉州)律师事务所主任

序言

“民族要复兴，乡村必振兴。”党的十九大报告首次提出实施乡村振兴战略。2023年，《中共中央 国务院关于做好2023年全面推进乡村振兴重点工作的意见》更是明确提出举全党全社会之力全面推进乡村振兴。乡村振兴战略的顺利实施必须符合法治精神，获得法治保障。

2021年1月1日《中华人民共和国民法典》正式实施，作为中华人民共和国成立以来第一部以“法典”命名的法律，其在乡村振兴战略实施中发挥着固根本、稳预期、利长远的基础性法律治理功能，其中许多规定是对乡村振兴关键环节与主要任务的重要制度保障，这主要包括：第一，通过确认和保护农民及相关农业经营组织的主体资格，创新农村集体经济组织的“特别法人”地位等，积极引导相关主体有序参与现代农村产业活动；第二，维护与现代乡村产业模式相适应的产权体系，为农村土地资产的有序盘活、农村投融资渠道的有效扩大提供保障，提高农民在土地上的财产安全感、获得感；第三，通过全面规定农民的人格权与婚姻家庭权，系统保障农村居民与农业生产者人身自由与人格尊严，借助“优良家风”条款等提升农村家庭文明建设水平等；第四，通过“绿色原则”等保护农村生态环境，守护农村绿水青山，促进美丽乡村建设。

《中华人民共和国民法典》为乡村振兴带来的保障作用，必须借助乡村振兴的建设者与参与者的具体实践方能有效发挥。基于前期面向农业、农村、农民开展的普法宣讲、社会调研及法律援助所积累的经验及认识，同时基于对当前乡村振兴主要方面与关键任务中法治痛点、难点的系统梳理，我们为农业经营主体、农村产权主体、农村生活主体、农村基层治理主体等乡村振兴的建设者与参与者，编写了这套“民法典护航乡村振兴丛书”。对应农业、农村、农民之“三农”，丛书分为：《民法典与乡村产业振兴》《民法典与美丽乡村建设》《民法典与农民权益保障》。

《民法典与乡村产业振兴》的内容由经营主体确认、生产资料配置、产业经营活动开展的法律保障三部分构成，重点阐释农村承包经营户、农村集体经济组织、个体工商户等农业生产经营主体的权利边界与义务类型，解读农村承包地、集体经营性建设用地、宅基地等的取得条件、流转限制等，同时对现代农村产业化经营活动中的合同缔结、合同履行、违约责任等的法律风险点进行类型化梳理，提供相应的问题解决方案。

《民法典与美丽乡村建设》的内容由保护乡村土地环境、发展乡村精神文明与建设美丽乡村的法律保障三部分构成，重点阐释如何保障农村土地安全，贯彻“绿色原则”，保护农村绿水青山；如何法治化地巩固与发展乡村精神文明，推动移风易俗，树立文明乡风，颂扬乡村美德；如何明晰合作社组织制度，保障乡村土地有序利用，使乡村发展与环境美丽相得益彰。

《民法典与农民权益保障》从农民人身权益、财产权益及婚姻家庭权益的法律保障三方面入手，选取贴近农民日常生活的典型案例，涵盖子女抚养、老人赡养、夫妻相处等重要家庭场景，以及农民进城务工、商品房买卖、借款、赠与等现代农民生活中的重要问题，帮助农民明白法律是如何规定与保护其重要人身权利等的，引导其反思如何利用法律工具解决利益相关问题。

总之，丛书力求通过典型案例呈现、法条链接引导、疑难问题解答等方式，用百姓听得懂、学得会的语言解析我国民法典与“三农”问题的重要联系点，同时宣扬传统美德、社会公德、家庭美德，使法律和道德形成合力，为乡村振兴提供法治护航的具体途径与运用方法。

丛书编写得到了西南政法大学民法典宣讲团各位专家学者的悉心指导，西南大学出版社对丛书的出版给予了大力支持，值此丛书出版之际，谨向各方表示深深的谢意。

是为序。

张力

2023年2月

目录

第一篇　大力保护乡村土地，高效利用有基础

1. 因第三人过错导致的生态环境侵权，侵权责任由谁承担？ /3
2. 生态环境侵权行为与损害之间不存在因果关系，应该由谁举证？ /4
3. 多个侵权人造成了环境污染，应该如何承担责任？ /5
4. 造成环境污染的损害赔偿金额，应该如何确定？ /6
5. 故意造成环境污染的，能否要求侵权人承担惩罚性赔偿？ /8
6. 将荒地租给别人，承租人造成环境污染的，应该怎么办？ /9
7. 针对造成污染荒地的行为，检察院已经提起公益诉讼，村民还能起诉吗？ /10
8. 未办理环保审批手续，配套环保设施未经验收合格，会产生什么影响？ /11
9. 屠宰场能够随意处置畜禽尸体、粪便吗？ /12
10. 屠宰场能否将畜禽尸体转移至相邻省份？ /14
11. 固体废物主要指什么？ /15
12. 生活垃圾主要指什么？ /16
13. 农村应该怎么有效处理生活垃圾？ /17
14. 生态循环农业有什么好处？ /19
15. 为循环农业经济的发展和推广做出显著成绩者，是否应得到嘉奖？ /20

16 如果村民参与固体废物污染防治工作，国家有政策支持吗？该工作的意义何在？ / 21
17 对擅自倾倒、堆放、丢弃固体废物的行为，应该向谁举报？ / 22
18 应该怎样合理处置村中的危险废物？ / 24
19 破坏农村环境，受罚后拒不改正的，如何处理？ / 26
20 政府是否有公开环保相关信息的义务？ / 27
21 邻居建房导致相对方出入家里的道路堵塞，能否要求其拆除？ / 29
22 村民可随意翻修旧房、危房吗？ / 30
23 乡村公共设施建设需要使用土地，应履行哪些手续？ / 31
24 擅自将村里的土地用于非农业建设，会受到什么处罚？ / 32
25 村民未经批准非法占有土地建设住宅的，会承担何种责任？ / 33
26 占用永久基本农田建房的后果是什么？ / 34
27 占用耕地导致植被被破坏的，将会受到何种惩罚？ / 36
28 承包方将耕地用于非农建设，将会受到何种处罚？ / 38
29 为提高土地生产能力而进行了必要的投入，在转让土地时应如何处理该投入部分？ / 39
30 在农村河涌等涉水区域违建，要承担何种法律责任？ / 41
31 城镇居民购买小产权房可以进行确权登记吗？ / 42

第二篇 发展乡村精神文明，高尚道德可颂扬

1 将房屋赠与孙子后，爷爷还能继续住吗？ / 47

2 为防止已成年孩子啃老成性，父母能不能让其搬出去单独居住？ / 48

3 村民应该如何处理相邻关系？ / 49

4 应该如何平衡他人隐私与个人安全的关系？ / 51

5 怎样做才算合法的自助行为？ / 53

6 在自甘风险的情况下，场所管理人是否需要对受害人承担损害责任？ / 54

7 继承人以外的对被继承人扶养较多的人，能否分得遗产？ / 56

8 做好人好事付出的费用，能要求得利相关人补偿吗？ / 57

9 自愿救助却造成他人损害，救助人是否需要承担民事责任？ / 59

10 怎么做才算正当防卫？ / 60

11 子女拒绝探望父母，父母能否起诉要求探望？ / 62

12 为维护公序良俗而受到损害的，能否请求赔偿？ / 63

13 什么是遗产管理人？如何产生？有什么作用？ / 64

14 对不称职的监护人，能否撤销其监护资格？ / 67

15 被他人在网上诽谤，受害人能否要求其承担法律责任？ / 68

16 农民能占用自家耕地修建祖坟吗？ / 70

17 长辈去世，同一顺序继承人继承的遗产份额可以协商吗？ / 72

18 妻子边务农劳作边料理家务，离婚时可以要求丈夫进行经济补偿吗？ / 74

19 家庭财产可以分给外人吗？ / 75

20 乡村坟地墓碑被破坏，被侵权人可以要求精神损害赔偿吗？ / 77

21 拾得他人遗失物，拾得人能否要求失主支付必要的保管费用？ / 78

22 未经收养登记，能否成立事实收养？ / 79

23 继子女未承担赡养义务，有权获得继父母的遗产吗？ / 81

24 好意让他人无偿搭乘车辆致他人损害的，好意方需要承担责任吗？ / 83

25 如何认定第一顺序继承人，同一顺序继承人一定可以均等继承遗产吗？ / 84

26 因无因管理支出的必要费用，无因管理人有权要求受益人偿还吗？ / 86

27 在自家院子里种树影响到邻居家采光的，邻居如何进行权利救济？ / 87

28 离婚时，由哪一方抚养子女才能保障其利益的最大化？ / 88

29 子女能否以父母未尽抚养义务为由，拒绝赡养父母？ / 90

30 随祖辈生活的孙辈的权益如何保障？ / 92

第三篇 架构健全制度，美丽乡村才美丽

1 将农用地转为建设用地，应该经过哪些审批流程？ / 97

2 全家若干人住一户，因家庭关系不和睦而分家后，能够申请多块宅基地建房吗？ / 100

3 自然灾害严重毁损承包地，村委会能否对还在承包期的土地进行调整？ / 101

4 村民想发展乡村产业，应如何设立农民专业合作社？ / 103

5 申请设立农民专业合作社需要提交哪些材料？ / 105

6 农民专业合作社应当如何召开会议？ / 106

7 农民专业合作社在什么情况下应当解散？ / 109

8 集体经济组织中，成员需要承担非由自己承包经营所产生的债务吗？ / 112

9 法律如何保障农民分户后能够有房居住？ / 113

10 农户能否与村民互换自己所承包的土地，或进行土地使用权转让？ / 115

11 农民搬去城里居住后，农村闲置的房子可以怎么处理？ / 116

12 能否在被划入永久基本农田的土地上种植果树或养鱼？ / 118

13 村民出门在外，家乡的房屋受法律的何种保护？ / 120

14 村民全家外出打工，村委会能否单方面收回村民的承包地？ / 122

15 村里人口增多，为解决村民用地问题，村委会能否收回已分配土地重新分配？ / 124
16 法律如何保障乡村耕地资源？ / 126
17 农民将耕地撂荒，发包方能否就该耕地与他人签订承包合同？ / 128
18 村委会应该如何分配土地的征收补偿费？ / 129
19 法律如何规范农村养殖场的选址？ / 131
20 外出务工的农民还享有土地承包权吗？ / 133
21 农村妇女是否可以承包经营土地？ / 134
22 面对行政单位“征而不告”的行为，村民应如何维权？ / 135
23 承包合同中约定的不得收回、调整承包地等条款是否有效？ / 136
24 土地承包合同应该包括哪些内容？ / 137
25 法律如何规制禁渔期内的捕捞行为？ / 139
26 法律在何种条件下保障城镇户口子女继承农村宅基地使用权？ / 140

第一篇

大力保护乡村土地
高效利用有基础

1 因第三人过错导致的生态环境侵权，侵权责任由谁承担？

成功公司在甲村开设了一家工厂，并安装了完善的污水处理设施。一日，游手好闲的村民刘东东偷偷地用石头砸成功公司的污水处理设施，致使污水处理设施受损，处理污水的能力下降，从而使未处理干净的污水流入甲村附近的河流。此时，甲村要求成功公司承担责任，成功公司可以以污染是由刘东东造成的，要求刘东东承担责任吗？

法条指引 《中华人民共和国民法典》第一千二百二十九条 因污染环境、破坏生态造成他人损害的，侵权人应当承担侵权责任。

《中华人民共和国民法典》第一千二百三十三条 因第三人的过错污染环境、破坏生态的，被侵权人可以向侵权人请求赔偿，也可以向第三人请求赔偿。侵权人赔偿后，有权向第三人追偿。

问题解答 根据《中华人民共和国民法典》的规定，造成环境污染的侵权人应当承担无过错责任，成功公司是污水的排放者，因此应当承担责任。但因该污染并非由成功公司故意造成，而是因为刘东东的过错导致的，因此，根据《中华人民共和国民法典》的规定，甲村既可以向成功公司请求赔偿，也可以要求刘东东承担责任。如果甲村只要求成功公司承担责任，成功公司可以在承担赔偿责任后向刘东东追偿。

2 生态环境侵权行为与损害之间不存在因果关系，应该由谁举证？

成功公司在乙村也开设有工厂。自从成功公司开设工厂以来，乙村村民一直抱怨河水被污染了，但苦于没有证据。终于有一日，乙村的王西西通过录像视频获取了成功公司向河道中排水的证据，但是不能证明该水的排放导致了河水的污染。那么，如果王西西起诉成功公司，他能够胜诉吗？

法条指引 《中华人民共和国民法典》第一千二百二十九条　因污染环境、破坏生态造成他人损害的，侵权人应当承担侵权责任。

《中华人民共和国民法典》第一千二百三十条　因污染环境、破坏生态发生纠纷，行为人应当就法律规定的不承担责任或者减轻责任的情形及其行为与损害之间不存在因果关系承担举证责任。

问题解答 王西西能否胜诉，取决于成功公司是否构成《中华人民共和国民法典》第一千二百二十九条规定的环境污染致他人损害的情况。一般来说，受害人要求侵权人赔偿，需要证明损害、侵权人行为过错以及因果关系，但是环境污染侵权责任属于无过错责任，不需要证明侵权人的过错。同时根据《中华人民共和国民法典》第一千二百三十条的规定，也不需要受害人为侵权行为与损害的因果关系举证，而是举证责任倒置，由侵权人进行举证。易言之，成功公司如果想要免除责任，就应该证明排放水的行为与环境污染没有因果关系。

3 多个侵权人造成了环境污染，应该如何承担责任？

扬帆公司与启航公司在甲村设置有工厂。扬帆公司和启航公司为了节约成本，都将少量污水排入邻近的河流，导致河流污染。现河流边居住的李南起诉扬帆公司和启航公司，要求其承担环境侵权责任，两家公司承认了污染和自己行为的因果关系，在这种情况下，应如何划分并承担责任呢？

法条指引 《中华人民共和国民法典》第一千二百三十一条　两个以上侵权人污染环境、破坏生态的，承担责任的大小，根据污染物的种类、浓度、排放量，破坏生态的方式、范围、程度，以及行为对损害后果所起的作用等因素确定。

问题解答 根据《中华人民共和国民法典》的规定，两个以上侵权人污染环境、破坏生态的，应该根据污染的方式、污染物的属性以及行为对后果的作用等各种因素确定责任。本案中，河流的污染是由扬帆公司和启航公司的共同行为导致的，在两家公司都承认污染与自己行为的因果关系的情况下，可以要求扬帆公司和启航公司按照各自排污行为对损害后果的作用来确定责任的大小。

4 造成环境污染的损害赔偿金额，应该如何确定？

扬帆公司与启航公司认识到自己行为的错误，并且同意采用更加环保的方式排放污水，但是对于损害赔偿的范围存有疑惑，两家公司一致认为他们只需要承担修复污染的费用，而不应该承担调查损害、鉴定评估的费用。在此种情况下，应该按照什么标准来确定赔偿费用呢？

法条指引 《中华人民共和国民法典》第一千二百三十五条 违反国家规定造成生态环境损害的，国家规定的机关或者法律规定的组织有权请求侵权人赔偿下列损失和费用：

（一）生态环境受到损害至修复完成期间服务功能丧失导致的损失；

（二）生态环境功能永久性损害造成的损失；

（三）生态环境损害调查、鉴定评估等费用；

（四）清除污染、修复生态环境费用；

（五）防止损害的发生和扩大所支出的合理费用。

问题解答 根据《中华人民共和国民法典》的规定，行为人造成环境损害的，不仅应当承担受损害环境的修复费用，还需要承担损害调查、鉴定评估的费用，生态环境功能永久性损害造成的损失费用以及为防止损害发生和扩大所支出的合理费用。理由很简单，如果不发生污染生态环境的行为，就不会产生这些费用，所以，如果不由造成生态环境污染的扬帆公司和启航公司承担这些费用，就有违法律的公平原则。

5 故意造成环境污染的，能否要求侵权人承担惩罚性赔偿？

甲公司是开设在乙村的一家工厂，其在未采取任何污染物处置措施的情况下，将工业残渣等固体废物随意堆放，造成乙村生态环境严重污染。乙村多次要求甲公司采取积极措施防止污染，但该公司认为采取污染物处置措施的费用太高，对此置之不理。此时乙村若起诉甲公司承担环境污染责任，能否附带要求承担惩罚性赔偿？

法条指引 《中华人民共和国民法典》第一千二百三十二条　侵权人违反法律规定故意污染环境、破坏生态造成严重后果的，被侵权人有权请求相应的惩罚性赔偿。

问题解答 乙村可以要求甲公司承担惩罚性赔偿。根据《中华人民共和国民法典》的规定，侵权人故意污染环境，并造成严重后果的，被侵权人可以请求惩罚性赔偿。本案中，甲公司故意污染环境，无视乙村的正当要求，造成严重后果，乙村当然可以请求惩罚性赔偿。严惩故意污染环境行为，以儆效尤，符合公平正义的价值观。

6 将荒地租给别人，承租人造成环境污染的，应该怎么办？

甲村村委会与李太平签订了《租赁荒地协议书》，李太平在租赁的荒地上建造了一个垃圾处理站。此后，李太平将大量垃圾未经任何处理直接填埋在此，导致所涉地块土壤和地下水资源污染。对此，甲村村委会有权要求李太平承担责任吗？

法条指引 《中华人民共和国民法典》第一千二百三十九条　因污染环境、破坏生态造成他人损害的，侵权人应当承担侵权责任。

《中华人民共和国民法典》第一千二百三十四条　违反国家规定造成生态环境损害，生态环境能够修复的，国家规定的机关或者法律规定的组织有权请求侵权人在合理期限内承担修复责任。侵权人在期限内未修复的，国家规定的机关或者法律规定的组织可以自行或者委托他人进行修复，所需费用由侵权人负担。

问题解答 村委会可以要求李太平承担侵权责任，即要求李太平停止侵害、恢复原状以及赔偿损害。如果侵权人能够修复而怠于履行修复义务，即侵权人在合理期限内未承担修复责任，造成生态环境损害的，检察机关或者环保组织可以自行或者委托他人进行修复，所花费用由侵权人负担。本案中，村委会可以自行或委托他人修复，费用由李太平承担。

7 针对造成污染荒地的行为，检察院已经提起公益诉讼，村民还能起诉吗？

上游工厂在荒地上建造的垃圾处理站不仅污染了土壤，还对附近河流的水质造成了影响。下游村民李红的饲养场因受污染水的影响而蒙损，检察院已经提起对该垃圾处理站的公益诉讼，那么村民李红还能够主张损害赔偿吗？

法条指引 《中华人民共和国民事诉讼法》第一百二十二条 起诉必须符合下列条件：

（一）原告是与本案有直接利害关系的公民、法人和其他组织；

（二）有明确的被告；

（三）有具体的诉讼请求和事实、理由；

（四）属于人民法院受理民事诉讼的范围和受诉人民法院管辖。

《最高人民法院关于适用〈中华人民共和国民事诉讼法〉的解释》第二百八十六条 人民法院受理公益诉讼案件，不影响同一侵权行为的受害人根据民事诉讼法第一百二十二条规定提起诉讼。

问题解答 法院受理检察院关于垃圾处理站的公益诉讼后，不影响村民李红的诉权，李红可以要求该工厂赔偿损失。原因在于，检察院起诉所获得的赔偿，是用于修复被损毁、污染的环境的，而李红所针对的是自己所遭受的损失，因此，其仍然享有要求赔偿的诉权。法律这样规定能够合理保护人民群众的合法权益。

8 未办理环保审批手续，配套环保设施未经验收合格，会产生什么影响？

甲村的王古开办了养猪合作社，但在一直未办理环保审批手续、配套环保设施未经环保部门验收、未取得排污许可证的情况下，将部分生猪养殖产生的废渣、废水直接排放至附近水库。王古会受到什么样的处罚？

法条指引 《中华人民共和国畜牧法》第四十六条 畜禽养殖场应当保证畜禽粪污无害化处理和资源化利用设施的正

常运转，保证畜禽粪污综合利用或者达标排放，防止污染环境。违法排放或者因管理不当污染环境的，应当排除危害，依法赔偿损失。

国家支持建设畜禽粪污收集、储存、粪污无害化处理和资源化利用设施，推行畜禽粪污养分平衡管理，促进农用有机肥利用和种养结合发展。

问题解答 该合作社未获得相关批准而经营，明显违反《中华人民共和国畜牧法》关于“保证畜禽粪污综合利用或者达标排放，防止污染环境”的规定；将部分生猪养殖产生的废渣、废水直接排放至附近水库，造成环境污染，也违反《中华人民共和国畜牧法》的规定，故该合作社应当排除危害，依法赔偿损失。

9 屠宰场能够随意处置畜禽尸体、粪便吗？

村民合办了屠宰场，并直接将畜禽的尸体、粪便排入河流，他们认为只要不被别人发现就没关系。但小张认为这样的行为不对。那么在法律上，屠宰场的这种行为合法吗？如果违法，又应该受到怎么样的处罚呢？

法条指引 《中华人民共和国环境保护法》第四十九条第三款 畜禽养殖场、养殖小区、定点屠宰企业等的选址、建设和管理应当符合有关法律法规规定。从事畜禽养殖和屠宰的单位和个人应当采取措施，对畜禽粪便、尸体和污水等废弃物进行科学处置，防止污染环境。

《中华人民共和国固体废物污染环境防治法》第一百零二条第一款 违反本法规定，有下列行为之一，由生态环境主管部门责令改正，处以罚款，没收违法所得；情节严重的，报经有批准权的人民政府批准，可以责令停业或者关闭：

…………

（七）擅自倾倒、堆放、丢弃、遗撒工业固体废物，或者未采取相应防范措施，造成工业固体废物扬散、流失、渗漏或者其他环境污染的；

…………

问题解答 屠宰场的做法是错误的，其应当采取措施，对畜禽粪便、尸体和污水等废弃物进行科学处置，防止污染环境。同时，畜禽养殖场、养殖小区、定点屠宰企业等的选址、建设和管理应当符合有关法律法规的规定。这也要求屠宰场等应当做好规划，提前确定好排污办法。屠宰场如果拒不改正违法行为，依据违法情节，将会受到罚款、责令停业、关闭等处罚。

10 屠宰场能否将畜禽尸体转移至相邻省份?

甲村村民李太平为发家致富开办了养殖场,但一直未遵守法律相关规定处理畜禽尸体,而是将其全部倒入村里的河中,遭到村里的环保卫士小李的多次警告。李太平心想,畜禽尸体的处理太麻烦,既然小李觉得倒在村里的河里违反法律规定,那就直接雇一辆车运送至相邻省份,找一无人处倾倒吧!之后,李太平果真这么干了!李太平的做法对吗?他将会受到怎样的处罚?

法条指引《中华人民共和国固体废物污染环境防治法》

第一百零二条第一款 违反本法规定,有下列行为之一,由生态环境主管部门责令改正,处以罚款,没收违法所得;情节严重的,报经有批准权的人民政府批准,可以责令停业或者关闭:

…………

(五)转移固体废物出省、自治区、直辖市行政区域贮存、处置未经批准的;

…………

问题解答 李太平的做法是错误的。转移固体废物出省、自治区、直辖市行政区域贮存、处置而未经批准的,并没有实际上消除对环境的污染，而只是将污染转移，这样的做法无异于掩耳盗铃。因此，环保部门可以责令改正，处以罚款，如果情节严重，经批准还可以责令停业、关闭。

11 固体废物主要指什么？

村委会要求妥善处理固体废物，村民李红对此很好奇，有很多疑问：什么是固体废物？自己家的垃圾里面有没有固体废物？固体废物对环境有什么危害？为什么要妥善处理固体废物？

法条指引 《中华人民共和国固体废物污染环境防治法》

第一百二十四条 ……

（一）固体废物，是指在生产、生活和其他活动中产生的丧失原有利用价值或者虽未丧失利用价值但被抛弃或者放弃的固态、半固态和置于容器中的气态的物品、物质以及法律、行政法规规定纳入固体废物管理的物品、物质。经无害化加工处理，并且符合强制性国家产品质量标准，不会危害公众健康和生态安全，或者根据固体废物鉴别标准和鉴别程序认定为不属于固体废物的除外。

…………

问题解答　固体废物主要指在生产、生活和其他活动中产生的丧失原有利用价值或者虽未丧失利用价值但被抛弃或者放弃的固态、半固态和置于容器中的气态的物品、物质以及法律、行政法规规定纳入固体废物管理的物品、物质。经无害化加工处理，并且符合强制性国家产品质量标准，不会危害公众健康和生态安全，或者根据固体废物鉴别标准和鉴别程序认定为不属于固体废物的除外。家里的垃圾中也有固体废物。固体废物是环境的污染源，除了直接污染外，还经常以水、大气和土壤为媒介污染环境，因此，不允许随意乱扔固体废物。

12 生活垃圾主要指什么？

甲村的村民随意乱扔垃圾，天热时垃圾散发出酸臭味。近期，村委会接到镇政府的通知，要求各村民妥善处理生活垃圾，村民李红对此很好奇，想知道究竟什么是生活垃圾？生活垃圾具体又有哪些类别？

法条指引 《中华人民共和国固体废物污染环境防治法》

第一百二十四条 ……

（三）生活垃圾，是指在日常生活中或者为日常生活提供服务的活动中产生的固体废物，以及法律、行政法规规定视为生活垃圾的固体废物。

…………

问题解答 生活垃圾主要是指在日常生活中或者为日常生活提供服务的活动中产生的固体废物，以及法律、行政法规规定视为生活垃圾的固体废物。生活垃圾一般可分为四大类：可回收垃圾、餐厨垃圾、有害垃圾和其他垃圾。妥善处理生活垃圾的一个有效举措就是垃圾分类，这样可以回收一些可重复利用的废品，如报纸、饮料瓶等；而对不可回收的就进行相应的处理，这样可以减少环境污染。

13 农村应该怎么有效处理生活垃圾？

村委会接到上级政府部门的通知后，要求村民妥善处理生活垃圾。村民李红表示，自己一直都很爱护环境，也想要妥善处理生活垃圾，但是不知道怎么做才算妥善处理生活垃圾？

法条指引 《住房城乡建设部等部门关于全面推进农村垃圾治理的指导意见》……

（三）全面治理生活垃圾。根据村庄分布、经济条件等因素确定农村生活垃圾收运和处理方式，原则上所有行政村都要建设垃圾集中收集点，配备收集车辆；逐步改造或停用露天垃圾池等敞开式收集场所、设施，鼓励村民自备垃圾收集容器。原则上每个乡镇都应建有垃圾转运站，相邻乡镇可共建共享。逐步提高转运设施及环卫机具的卫生水平，普及密闭运输车辆，有条件的应配置压缩式运输车，建立与垃圾清运体系相配套、可共享的再生资源回收体系。优先利用城镇处理设施处理农村生活垃圾，城镇现有处理设施容量不足时应及时新建、改建或扩建；选择符合农村实际和环保要求、成熟可靠的终端处理工艺，推行卫生化的填埋、焚烧、堆肥或沼气处理等方式，禁止露天焚烧垃圾，逐步取缔二次污染严重的简易填埋设施以及小型焚烧炉等。边远村庄垃圾尽量就地减量、处理，不具备处理条件的应妥善储存、定期外运处理。

……………

问题解答 原则上，村里应当根据村庄分布、经济条件等因素确定具体的生活垃圾处理方式，应当建设垃圾集中收集点，配备收集车辆，逐步改造或停用露天垃圾池等敞开式收集场所、设施，鼓励村民自备垃圾收集容器。对李红来说，她可以从小事做起，比如，拒绝露天焚烧垃圾，采取卫生化的填埋、焚烧、堆肥或者沼气处理的方式处理生活垃圾，还可以自备垃圾收集容器，对生活垃圾进行分类，降低处理成本，维护生态环境。

14 生态循环农业有什么好处？

甲村李安国、李太平两人均种植了若干农田，其中李安国的种植方式为循环经济，李太平的则不是，但李安国的农产品稍微贵于李太平的。李太平心想，李安国真笨，增加成本，但产出的产品和自己产品的质量没什么差别。实际情况真是这样吗？如果面临政府采购，政府会如何采购？

法条指引 《中华人民共和国循环经济促进法》第四十七条　国家实行有利于循环经济发展的政府采购政策。使用财政性资金进行采购的，应当优先采购节能、节水、节材和有利于保护环境的产品及再生产品。

问题解答 政府会采购李安国的循环经济产品。因为国家实行有利于循环经济发展的政府采购政策，政府在采购的时候，会优先采购节能、节水、节材和有利于保护环境的产品及再生产品。这样也能够促使大家使用有利于环境保护的产品和再生产品，做好示范带头作用。所以，李安国表面上是增加了自己的成本，实际上是提高了自己的农产品被采购的概率。

15 为循环农业经济的发展和推广做出显著成绩者，是否应得到嘉奖？

李安国受到政府采购的鼓励，苦心孤诣地继续研究了很久的循环经济农产品发展模式，并将该模式推广到整个甲村。村民由此增加了收入，也从心底里感激李安国，并认为李安国应该受到表彰。

法条指引 《中华人民共和国循环经济促进法》第四十八条　县级以上人民政府及其有关部门应当对在循环经济管理、科学技术研究、产品开发、示范和推广工作中做出显著成绩的单位和个人给予表彰和奖励。

企业事业单位应当对在循环经济发展中做出突出贡献的集体和个人给予表彰和奖励。

问题解答 根据我国法律的规定，县级以上人民政府及其有关部门应当对在循环经济管理、科学技术研究、产品开发、示范和推广工作中做出显著成绩的单位和个人给予表彰和奖励。企业事业单位应当对在循环经济发展中做出突出贡献的集体和个人给予表彰和奖励。因此政府应该表彰李安国。

16 如果村民参与固体废物污染防治工作，国家有政策支持吗？该工作的意义何在？

李红读高中时家乡的环境不好，乡亲们随手乱扔垃圾，她心里为自己的家乡感到惋惜，于是便决定大学毕业后参与固体废物污染防治工作，并进行相关研究。但是李红的家人认为，做这种工作不体面、不赚钱，都不支持她。那么，国家对固体废物污染防治工作及参与者是什么态度呢？

法条指引 《中华人民共和国固体废物污染环境防治法》第九十六条 国家鼓励和支持社会力量参与固体废物污染环境防治工作，并按照国家有关规定给予政策扶持。

《中华人民共和国固体废物污染环境防治法》第九十八条 从事固体废物综合利用等固体废物污染环境防治工作的，依照法律、行政法规的规定，享受税收优惠。

国家鼓励并提倡社会各界为防治固体废物污染环境捐赠财产，并依照法律、行政法规的规定，给予税收优惠。

问题解答 国家鼓励和支持社会力量参与固体废物污染环境防治工作，并按照有关规定给予相关参与者政策扶持。从事固体废物综合利用等固体废物污染环境防治工作的，依照法律、行政法规的规定，享受税收优惠。若李红从事该行业，则会受到政策扶持，并享受税收优惠。从事固体废物污染防治工作，不仅是为了小家，也是为了大家，环境保护功在当代，利在千秋。

17 对擅自倾倒、堆放、丢弃固体废物的行为，应该向谁举报？

王德发现有人在树林里倾倒固体废物，于是向村委会举报，村委会说自己管不了。此时王德犯了难，明知道有人倾倒了固体废物，却无人管理这种行为。那么，他应该怎么办呢？

法条指引 《中华人民共和国固体废物污染环境防治法》

第一百二十条　违反本法规定，有下列行为之一，尚不构成犯罪的，由公安机关对法定代表人、主要负责人、直接负责的主管人员和其他责任人员处十日以上十五日以下的拘留；情节较轻的，处五日以上十日以下的拘留：

（一）擅自倾倒、堆放、丢弃、遗撒固体废物，造成严重后果的；

（二）在生态保护红线区域、永久基本农田集中区域和其他需要特别保护的区域内，建设工业固体废物、危险废物集中贮存、利用、处置的设施、场所和生活垃圾填埋场的；

（三）将危险废物提供或者委托给无许可证的单位或者其他生产经营者堆放、利用、处置的；

（四）无许可证或者未按照许可证规定从事收集、贮存、利用、处置危险废物经营活动的；

（五）未经批准擅自转移危险废物的；

（六）未采取防范措施，造成危险废物扬散、流失、渗漏或者其他严重后果的。

《中华人民共和国固体废物污染环境防治法》第一百二十二条　固体废物污染环境、破坏生态给国家造成重大损失的，由设区的市级以上地方人民政府或者其指定的部门、机构组织与造成环境污染和生态破坏的单位和其他生产经营者进行磋商，要求其承担损害赔偿责任；磋商未达成一致的，可以向人民法院提起诉讼。

对于执法过程中查获的无法确定责任人或者无法退运的固体废物，由所在地县级以上地方人民政府组织处理。

问题解答 王德可以根据《中华人民共和国固体废物污染环境防治法》等法律的相关规定，向人民政府等举报。王德的行为十分有意义，举报能够使已经造成的损失及时得到弥补，使违法犯罪行为及时受到惩处，使正义得到伸张。

18 应该怎样合理处置村中的危险废物？

开设在甲村的化工厂，每天产生大量危险废物。王德发现该工厂没有对这些危险废物进行特别处理，心里很着急，他担心化工厂的做法会污染村里的环境。那么此时，他应该怎么办？

法条指引 《中华人民共和国固体废物污染环境防治法》

第一百一十二条 违反本法规定，有下列行为之一，由生态环境主管部门责令改正，处以罚款，没收违法所得；情节严重的，报经有批准权的人民政府批准，可以责令停业或者关闭：

（一）未按照规定设置危险废物识别标志的；

（二）未按照国家有关规定制定危险废物管理计划或者申报危险废物有关资料的；

（三）擅自倾倒、堆放危险废物的；

（四）将危险废物提供或者委托给无许可证的单位或者其他生产经营者从事经营活动的；

（五）未按照国家有关规定填写、运行危险废物转移联单或者未经批准擅自转移危险废物的；

（六）未按照国家环境保护标准贮存、利用、处置危险废物或者将危险废物混入非危险废物中贮存的；

（七）未经安全性处置，混合收集、贮存、运输、处置具有不相容性质的危险废物的；

（八）将危险废物与旅客在同一运输工具上载运的；

（九）未经消除污染处理，将收集、贮存、运输、处置危险废物的场所、设施、设备和容器、包装物及其他物品转作他用的；

（十）未采取相应防范措施，造成危险废物扬散、流失、渗漏或者其他环境污染的；

（十一）在运输过程中沿途丢弃、遗撒危险废物的；

（十二）未制定危险废物意外事故防范措施和应急预案的；

（十三）未按照国家有关规定建立危险废物管理台账并如实记录的。

有前款第一项、第二项、第五项、第六项、第七项、第八项、第九项、第十二项、第十三项行为之一，处十万元以上一百万元以下的罚款;有前款第三项、第四项、第十项、第十一项行为之一,处所需处置费用三倍以上五倍以下的罚款,所需处置费用不足二十万元的,按二十万元计算。

问题解答 根据法律的规定,王德可以向生态环境主管部门、人民政府举报。该厂应该按照法律规定贮存、利用、处置危险废物,不能出现违反法律规定的行为,否则就会受到法律的惩处。自然环境是人类赖以生存的基本条件,是发展生产、繁荣经济的物质源泉。维护生态平衡、保护环境是关系人类生存、社会发展的大事。

19 破坏农村环境,受罚后拒不改正的,如何处理?

王古是某化工厂的老板,厂址在甲村,工厂开得红红火火,却一直不注意保护环境,将废料垃圾倾倒到甲村的河流和荒地中。最终被村民举报,环保部门作出罚款处罚和责令改正的决定。但化工厂拒不改正,继续污染环境。在这种情况下,化工厂会受到什么样的处罚?

法条指引 《中华人民共和国环境保护法》第五十九条

企业事业单位和其他生产经营者违法排放污染物，受到罚款处罚，被责令改正，拒不改正的，依法作出处罚决定的行政机关可以自责令改正之日的次日起，按照原处罚数额按日连续处罚。

前款规定的罚款处罚，依照有关法律法规按照防治污染设施的运行成本、违法行为造成的直接损失或者违法所得等因素确定的规定执行。

地方性法规可以根据环境保护的实际需要，增加第一款规定的按日连续处罚的违法行为的种类。

问题解答 根据《中华人民共和国环境保护法》的规定，企业等违法排放污染物，受到罚款处罚，被责令改正，拒不改正的，依法作出处罚决定的行政机关可以自责令改正之日的次日起，按照原处罚数额按日连续处罚。所以，化工厂受到的处罚是罚款的金额会按照原金额按日连续增加。

20 政府是否有公开环保相关信息的义务?

王良因自己开办的企业污染环境受到环境保护主管部

门的处罚，在接受处罚后，王良想要改正自己的错误，做一个有责任有担当的企业家。他想知道与环保相关的信息，但是在网上查询不到。后来有人告诉他可以在市环保局处查询相关资料，王良能否要求市环保局公开这些资料？

法条指引 《中华人民共和国环境保护法》第五十三条

公民、法人和其他组织依法享有获取环境信息、参与和监督环境保护的权利。

各级人民政府环境保护主管部门和其他负有环境保护监督管理职责的部门，应当依法公开环境信息、完善公众参与程序，为公民、法人和其他组织参与和监督环境保护提供便利。

问题解答 王良可以要求市环保局公开相关资料。公民、法人和其他组织依法享有获取环境信息、参与和监督环境保护的权利。王良虽然曾经违反法律法规，但是如今已知错改错，他希望了解环保相关信息以避免再犯错的愿望应该得到市环保局的支持，所以市环保局应当依法公开环境信息，为王良以及其他公民、法人和其他组织参与和监督环境保护提供便利。

21 邻居建房导致相对方出入家里的道路堵塞，能否要求其拆除？

村民赵大宝的房屋有个后门，后门的小路与通往村里的大路相接，从后门来往村里十分方便。邻居王美丽因建房在该条小路上砌砖修墙，导致该条路严重堵塞，难以通行。赵大宝诉至法院要求王美丽拆除砖墙，王美丽认为该条路并非赵大宝生产生活必经通道，不予拆除。

法条指引 《中华人民共和国民法典》第二百九十一条

不动产权利人对相邻权利人因通行等必须利用其土地的，应当提供必要的便利。

问题解答 相邻关系的主张前提为必须利用该土地通行，相邻权利人只有在邻居的行为导致其不通过该方土地就无法通行，影响自己正常的生产或者生活的情况下，才可主张相邻关系，相邻权利人不得滥用权利。本案中，村民赵大宝主张的土地为其后门通村的路，并非生产生活的必经通道，因此本案中赵大宝不能要求王美丽拆除砖墙。

22 村民可随意翻修旧房、危房吗？

二十年前，村民赵大宝在宅基地上自建了一套房屋，如今该房已非常陈旧，装修风格也已过时，赵大宝打算重新翻修旧房。请问赵大宝可以自行翻修旧房吗？

法条指引 《中华人民共和国城乡规划法》第四十一条第二款 在乡、村庄规划区内使用原有宅基地进行农村村民住宅建设的规划管理办法，由省、自治区、直辖市制定。

《中华人民共和国城乡规划法》第六十五条 在乡、村庄规划区内未依法取得乡村建设规划许可证或者未按照乡村建设规划许可证的规定进行建设的，由乡、镇人民政府责令停止建设、限期改正；逾期不改正的，可以拆除。

问题解答 赵大宝若要在宅基地上翻修房屋，必须取得乡村建设规划许可证。具体要求有：在宅基地上翻修旧房、危房，要符合由省、自治区、直辖市制定的住宅建设规划管理办法，可通过当地政府信息公开网查询管理办法的具体要求；同时，必须按照管理办法向相应政府部门提交申请，审批通过并取得乡村建设规划许可证后方可动工。未取得乡村建设规划许可证翻修房屋，将面临被拆除的风险。

23 乡村公共设施建设需要使用土地，应履行哪些手续？

甲村村委会为了丰富村民的精神文化生活，满足村民对美好生活的需要，欲利用村里部分土地建设公共健身设施、电影放映室和图书阅览室，该村委会需要办理哪些手续呢？

法条指引 《中华人民共和国土地管理法》第五十九条 乡镇企业、乡（镇）村公共设施、公益事业、农村村民住宅等乡（镇）村建设，应当按照村庄和集镇规划，合理布局，综合开发，配套建设；建设用地，应当符合乡（镇）土地利用总体规划和土地利用年度计划，并依照本法第四十四条、第六十条、第六十一条、第六十二条的规定办理审批手续。

《中华人民共和国土地管理法》第六十一条 乡（镇）村公共设施、公益事业建设，需要使用土地的，经乡（镇）人民政府审核，向县级以上地方人民政府自然资源主管部门提出申请，按照省、自治区、直辖市规定的批准权限，由县级以上地方人民政府批准；其中，涉及占用农用地的，依照本法第四十四条的规定办理审批手续。

问题解答 根据《中华人民共和国土地管理法》的规定，甲村村委会欲建设的公共健身设施、电影放映室和图书阅览室属于乡村公共设施、公益事业建设，需要使用土地时应该经乡(政)人民政府审核,向县级以上地方人民政府自然资源主管部门提出申请,由县级以上地方人民政府批准。若涉及占用农用地,还应当办理农用地转用审批手续,然后根据情况,由不同层级的主管部门核批。

24 擅自将村里的土地用于非农业建设,会受到什么处罚?

村民赵大宝与村委会签订协议取得该村西头九亩农民集体所有土地的使用权,后赵大宝与王美丽签订转租协议,将该土地使用权转让给王美丽,王美丽开始在该块土地上进行非农业建设。村民赵大宝将受到何种处罚?

法条指引 《中华人民共和国土地管理法》第四十四条第一款　建设占用土地,涉及农用地转为建设用地的,应当办理农用地转用审批手续。

《中华人民共和国土地管理法》第八十二条　擅自将农民集体所有的土地通过出让、转让使用权或者出租等方式用于非农业建设,或者违反本法规定,将集体经营性建设用地通过出让、出租等方式交由单位或者个人使用的,由县级以上人民政府自然资源主管部门责令限期改正,没收违法所得,并处罚款。

问题解答 根据《中华人民共和国土地管理法》的规定，国家对土地实行用途管制制度。任何单位和个人不得侵占、买卖或者以其他形式非法转让农民集体所有的土地用于建房等非农业建设。以买卖、流转耕地等方式建房，改变了耕地的农用地性质，应严格禁止。村民赵大宝未经过土地主管部门批准，擅自转让农民集体所有的土地并用于非农业建设，应受到县级以上人民政府自然资源主管部门责令限期改正、没收违法所得、并处罚款的处罚。

25 村民未经批准非法占有土地建设住宅的，会承担何种责任？

甲村村民赵大宝与村委会主任李富贵关系甚好，在相关部门工作人员未到现场实地勘察的情况下，李富贵擅自为赵大宝签批建房用地勘察意见，导致赵大宝在该块农用地上建起豪华别墅。赵大宝会受到何种处罚？

法条指引 《中华人民共和国土地管理法》第七十八条

农村村民未经批准或者采取欺骗手段骗取批准，非法占用土地建住宅的，由县级以上人民政府农业农村主管部门责令退还非法占用的土地，限期拆除在非法占用的土地上新建的房屋。

超过省、自治区、直辖市规定的标准，多占的土地以非法占用土地论处。

问题解答 乱占耕地建房行为触碰耕地保护红线，威胁国家粮食安全，在保障农民合理住宅用地需求的同时，必须重视整治强占多占、非法出售等恶意占地建房行为。根据《中华人民共和国土地管理法》的规定，赵大宝非法占用土地建住宅，应由县级以上人民政府农业农村主管部门责令退还非法占用的土地，并限期拆除在非法占用的土地上新建的房屋。

26 占用永久基本农田建房的后果是什么？

村民赵大宝与王美丽租下某市园艺场农用地，赵大宝想在该农用地上建房，便在未经任何部门批准的情况下擅自将该农用地的一部分填平，非法占用该永久基本农田建成三幢住宅楼。赵大宝的行为将受到何种处罚？

法条指引 《中华人民共和国土地管理法》第三十七条

非农业建设必须节约使用土地，可以利用荒地的，不得占用耕地；可以利用劣地的，不得占用好地。

禁止占用耕地建窑、建坟或者擅自在耕地上建房、挖砂、采石、采矿、取土等。

禁止占用永久基本农田发展林果业和挖塘养鱼。

《中华人民共和国土地管理法》第七十七条　未经批准或者采取欺骗手段骗取批准，非法占用土地的，由县级以上人民政府自然资源主管部门责令退还非法占用的土地，对违反土地利用总体规划擅自将农用地改为建设用地的，限期拆除在非法占用的土地上新建的建筑物和其他设施，恢复土地原状，对符合土地利用总体规划的，没收在非法占用的土地上新建的建筑物和其他设施，可以并处罚款；对非法占用土地单位的直接负责的主管人员和其他直接责任人员，依法给予处分；构成犯罪的，依法追究刑事责任。

超过批准的数量占用土地，多占的土地以非法占用土地论处。

《中华人民共和国土地管理法》第七十八条　农村村民未经批准或者采取欺骗手段骗取批准，非法占用土地建住宅的，由县级以上人民政府农业农村主管部门责令退还非法占用的土地，限期拆除在非法占用的土地上新建的房屋。

超过省、自治区、直辖市规定的标准，多占的土地以非法占用土地论处。

问题解答 根据《中华人民共和国土地管理法》的规定，禁止占用永久基本农田。不管是村民还是其他主体非法占用永久基本农田建房，均面临限期拆除非法建筑物和其他设施的处罚。赵大宝未经任何部门批准非法占用永久基本农田建设三幢住宅楼的行为显然违反了法律的规定，县级以上人民政府自然资源主管部门、农业农村主管部门等可以责令其退还非法占用的土地，限期拆除在非法占用的土地上新建的建筑物和其他设施，恢复土地原状，还可以并处罚款。

27 占用耕地导致植被被破坏的，将会受到何种惩罚？

村民赵大宝承包了村里的基础道路工程。为了赶工程进度，在未经政府主管部门审批许可的情况下，赵大宝擅自在受管控的耕地范围内开挖道路，造成原有地表植被受到严重破坏，导致山体裸露。赵大宝的行为会受到何种处罚？

法条指引 《中华人民共和国民法典》第一千二百三十四条　违反国家规定造成生态环境损害，生态环境能够修复的，国家规定的机关或者法律规定的组织有权请求侵权人在合理期限内承担修复责任。侵权人在期限内未修复的，国家规定的机关或者法律规定的组织可以自行或者委托他人进行修复，所需费用由侵权人负担。

《中华人民共和国民法典》第一千二百三十五条　违反国家规定造成生态环境损害的，国家规定的机关或者法律规定的组织有权请求侵权人赔偿下列损失和费用：

（一）生态环境受到损害至修复完成期间服务功能丧失导致的损失；

（二）生态环境功能永久性损害造成的损失；

（三）生态环境损害调查、鉴定评估等费用；

（四）清除污染、修复生态环境费用；

（五）防止损害的发生和扩大所支出的合理费用。

《中华人民共和国土地管理法》第七十五条　违反本法规定，占用耕地建窑、建坟或者擅自在耕地上建房、挖砂、采石、采矿、取土等，破坏种植条件的，或者因开发土地造成土地荒漠化、盐渍化的，由县级以上人民政府自然资源主管部门、农业农村主管部门等按照职责责令限期改正或者治理，可以并处罚款；构成犯罪的，依法追究刑事责任。

问题解答　根据《中华人民共和国民法典》《中华人民共和国土地管理法》等的相关规定，赵大宝擅自在受管控的耕地范围内开挖道路导致植被被破坏，将会受到恢复原状、赔偿损失等民事处罚。同时，还将受到罚款的行政处罚。如果情节严重，构成犯罪的，将因此承担刑事责任。

任何人不得随意改变耕地的农业用途，不得破坏农业综合生产能力和农业生态环境，未经依法批准不得将农用地用作非农建设。

28 承包方将耕地用于非农建设，将会受到何种处罚？

村民赵大宝依法履行相关手续承包了几亩耕地，但一直以来耕地收成不尽如人意，赵大宝便擅自在该块耕地上铺设管道、修房建厂。由于在该土地上投放了大量化学物质，土地被永久性损害。村民赵大宝会受到何种处罚？

法条指引 《中华人民共和国农村土地承包法》第六十三条　承包方、土地经营权人违法将承包地用于非农建设的，由县级以上地方人民政府有关主管部门依法予以处罚。

承包方给承包地造成永久性损害的，发包方有权制止，并有权要求赔偿由此造成的损失。

《中华人民共和国土地管理法》第七十五条　违反本法规定，占用耕地建窑、建坟或者擅自在耕地上建房、挖砂、采石、采矿、取土等，破坏种植条件的，或者因开发土地造成土地荒漠化、盐渍化的，由县级以上人民政府自然资源主管部门、农业农村主管部门等按照职责责令限期改正或者治理，可以并处罚款；构成犯罪的，依法追究刑事责任。

问题解答 根据《中华人民共和国农村土地承包法》及《中华人民共和国土地管理法》的相关规定，赵大宝作为承包方擅自更改耕地用途，将会受到县级以上人民政府有关主管部门，如自然资源主管部门、农业农村主管部门等的行政处罚，责令限期改正或治理、并处罚款的处罚。本案中村民赵大宝的行为给承包地造成了永久性损害，如果构成犯罪，将被追究刑事责任。

29 为提高土地生产能力而进行了必要的投入，在转让土地时应如何处理该投入部分？

村民赵小宝六年前外出打工，从事房屋装潢工作。如今赵小宝已经有自己独立的事业，开了一家装潢公司，还在城里买了一套商品房，把妻子孩子全接到了城里。赵小宝准备转让承包的土地。赵小宝的妻子在家时将土地经营得很好，在土地上搭建了生产附属设施，使得土地生产力明显提高。赵小宝将承包的土地转让出去时，可以要求受让方对其提高土地生产能力的投入给予相应的补偿吗？

法条指引 《中华人民共和国农村土地承包法》第二十七条 承包期内，发包方不得收回承包地。

国家保护进城农户的土地承包经营权。不得以退出土地承包经营权作为农户进城落户的条件。

承包期内，承包农户进城落户的，引导支持其按照自愿有偿原则依法在本集体经济组织内转让土地承包经营权或者将承包地交回发包方，也可以鼓励其流转土地经营权。

承包期内，承包方交回承包地或者发包方依法收回承包地时，承包方对其在承包地上投入而提高土地生产能力的，有权获得相应的补偿。

《最高人民法院关于审理涉及农村土地承包纠纷案件适用法律问题的解释》第十六条第二款 对提高土地生产能力的投入，对方当事人请求承包方给予相应补偿的，应予支持。

问题解答 根据《中华人民共和国农村土地承包法》等法律的相关规定，承包人若在承包期间对土地投入而提高了生产能力，在依法流转土地承包经营权时有权要求受让方给予相应补偿，具体补偿数额一般按照评估机构的评估价格来认定。这一法律规定既可以保障农民在承包的土地上进行必要的投入，提高生产能力，又能确保土地流转时，必要投入得到补偿。

30 在农村河涌等涉水区域违建，要承担何种法律责任？

某村素有水乡美誉，村内纵横分布着几条河道，营造了优美的水乡生态环境和舒适的人居环境。但近年来，部分群众由于缺乏相关法律知识，擅自占用河道两边，违规搭建了不少临时建筑物，严重影响了河道行洪畅通和河岸生态环境。一些细心的村民对此很担忧，认为这些行为违法，纷纷来到当地政府寻求说法。

法条指引 《中华人民共和国城乡规划法》第三十五条 城乡规划确定的铁路、公路、港口、机场、道路、绿地、输配电设施及输电线路走廊、通信设施、广播电视设施、管道设施、河道、水库、水源地、自然保护区、防汛通道、消防通道、核电站、垃圾填埋场及焚烧厂、污水处理厂和公共服务设施的用地以及其他需要依法保护的用地，禁止擅自改变用途。

《中华人民共和国水法》第六十五条第一款 在河道管理范围内建设妨碍行洪的建筑物、构筑物，或者从事影响河势稳定、危害河岸堤防安全和其他妨碍河道行洪的活动的，由县级以上人民政府水行政主管部门或者流域管理机构依据职权，责令停止违法行为，限期拆除违法建筑物、构筑物，恢复原状；逾期不拆除、不恢复原状的，强行拆除，所需费用由违法单位或者个人负担，并处一万元以上十万元以下的罚款。

《中华人民共和国防洪法》第二十二条　河道、湖泊管理范围内的土地和岸线的利用，应当符合行洪、输水的要求。

禁止在河道、湖泊管理范围内建设妨碍行洪的建筑物、构筑物，倾倒垃圾、渣土，从事影响河势稳定、危害河岸堤防安全和其他妨碍河道行洪的活动。

禁止在行洪河道内种植阻碍行洪的林木和高秆作物。

在船舶航行可能危及堤岸安全的河段，应当限定航速。限定航速的标志，由交通主管部门与水行政主管部门商定后设置。

问题解答　本案中村民擅自占用河道两边，违规搭建临时建筑物，严重影响了河道行洪畅通和河岸生态环境，这些显然属于涉水违建的情形。对于妨碍河道行洪、输水的活动，由县级以上人民政府水行政主管部门或者流域管理机构责令限期拆除违法建筑物并及时恢复原状。

31 城镇居民购买小产权房可以进行确权登记吗？

王美丽在农村集体土地上建造了一栋房屋，后来与城镇居民赵大富签订了房屋买卖协议，约定将该小产权房卖给赵大富，价款为30万元，赵大富在协议签订之日起三日内付清房款，同时王美丽交房给赵大富。双方如约履行了协议，并准备就该房屋办理过户手续。请问他们的做法合法吗？

法条指引 《自然资源部关于加快宅基地和集体建设用地使用权确权登记工作的通知》 三、……对乱占耕地建房、违反生态保护红线管控要求建房、城镇居民非法购买宅基地、小产权房等，不得办理登记，不得通过登记将违法用地合法化。

问题解答 根据我国法律的规定，对本案中的小产权房不能办理确权登记。所谓小产权房，是指在农村集体土地上建造的房屋，而农村集体土地只能由村民使用，建在其上的房屋只能出售给农村集体组织内部的成员，而且购房者也要满足一定的条件。因此，对此类小产权房不能办理确权登记。

第二篇

发展乡村精神文明
高尚道德可颂扬

1 将房屋赠与孙子后，爷爷还能继续住吗？

老李是甲村村民，年逾古稀。读高中三年级的李古是老李的孙子，李古很受老李宠爱。春节期间，李古和爸爸妈妈回老家看望老李。在吃饭过程中，老李得知李古这次期末考试得了全班第一名，大喜过望，便提出要将房屋赠与李古，并在春节假期结束后，办理了老宅的过户登记。但没想到的是，在办完登记之后的第二个月，李古的母亲王五就摆出代理人的架势，以所有权人的身份要求“无权占有人”老李搬出老宅。王五的请求能够成立吗？

法条指引 《中华人民共和国民法典》第一百三十一条 民事主体行使权利时，应当履行法律规定的和当事人约定的义务。

《中华人民共和国民法典》第一百三十二条 民事主体不得滥用民事权利损害国家利益、社会公共利益或者他人合法权益。

《中华人民共和国民法典》第二百四十条 所有权人对自己的不动产或者动产，依法享有占有、使用、收益和处分的权利。

问题解答 王五的请求不能成立。百善孝为先，孝为德之本。李古取得老宅的所有权是因为老李的赠与，而老李将自己安身立命的老宅赠与李古原因在于双方的祖孙关系。此种缘于血缘关系的房屋赠与即使双方没有明确约定赠与人有继续居住的权利，基于人民群众朴素的价值观和善良风俗，李古的监护人在老李赠与房屋后不久就要求老李搬出旧宅，明显有违社会伦理道德。老李在旧宅的继续居住是基于双方的赠与关系、祖孙关系等客观事实，并不属于无权占有的侵权行为。因此，王五的请求不能成立。

2 为防止已成年孩子啃老成性，父母能不能让其搬出去单独居住？

小杨是老杨、老吴的儿子。小杨自出生就一直同老杨、老吴在甲村的老宅居住生活。小杨成年后，嗜赌成性，欠下巨额赌债。老杨、老吴花光大半辈子的积蓄，终于帮小杨还清赌债。但小杨仍然整天游手好闲，不愿意出去找工作。老杨怒不可遏，便向法院起诉要求小杨搬出旧宅。老杨的请求能得到法律的支持吗？

法条指引 《中华人民共和国民法典》第二十六条 父母对未成年子女负有抚养、教育和保护的义务。

成年子女对父母负有赡养、扶助和保护的义务。

《中华人民共和国民法典》第二百四十条 所有权人对自己的不动产或者动产，依法享有占有、使用、收益和处分的权利。

问题解答 老杨的请求能够得到支持。青年是家庭、社会和国家的顶梁柱，只有一代又一代青年自立自强，才能实现家庭和睦、社会发展和国家兴旺。小杨成年之后具有完全民事行为能力和劳动能力，应当为了自身及家庭的美好生活自力更生，而不是一直依靠父母。老杨、老吴作为父母，并没有法律意义上的对成年子女的抚养义务，相反，小杨应当承担对父母的赡养、扶助和保护义务。同时，老杨是老宅的真正所有权人，享有对自己的财产占有、使用、收益和处分的权利，因此他能够以所有权人的身份要求小杨搬出老宅。

3 村民应该如何处理相邻关系？

老刘和小光都是乙村村民，并且还是邻居。老刘年逾花甲，平日里没有别的爱好，就喜欢捡垃圾，并将他认为有用的东西带回家来，堆放在院内，久而久之，累积了大量垃圾。天热时垃圾会散发出臭味，招来苍蝇、蚊子等，这也妨碍了小光的正常生活。小光于是要求老刘清理掉垃圾，但老刘认为这是他自己的自由，别人管不着。

法条指引 《中华人民共和国民法典》第一百三十二条 民事主体不得滥用民事权利损害国家利益、社会公共利益或者他人合法权益。

《中华人民共和国民法典》第二百八十八条 不动产的相邻权利人应当按照有利生产、方便生活、团结互助、公平合理的原则，正确处理相邻关系。

《中华人民共和国民法典》第二百九十条第一款 不动产权利人应当为相邻权利人用水、排水提供必要的便利。

《中华人民共和国民法典》第二百九十三条 建造建筑物，不得违反国家有关工程建设标准，不得妨碍相邻建筑物的通风、采光和日照。

问题解答 不动产相邻各方应当正确处理通风、采光、通行等相邻关系。给相邻方造成妨碍的，应当及时排除妨碍。法律虽然保障老刘自由使用自家房屋及附属设施的权利，但是当其个人的行为侵害到他人、集体的合法利益时，应当及时停止侵害行为。老刘在家中堆放大量垃圾，对住宅的使用超出正常生活与居住的范畴，同时还存在污染环境的问题和消防的隐患，老刘应及时清理垃圾。个人在实现权利的时候应该有所限制，不应以无条件牺牲其他个体的利益为代价。作为邻居，老刘应当按照有利生产、方便生活、团结互助、公平合理的原则，正确处理相邻关系。

4 应该如何平衡他人隐私与个人安全的关系？

黄红和刘留都是丁村村民，也是邻居。黄红在自家院里安装了监控摄像头，希望能通过手机App实时查看家中情况，实现远程监控，保障住宅安全。但摄像头位置刚好面对着刘留家的一个房间。刘留心生不安，觉得自己的隐私权受到了侵犯，于是找到黄红，希望其拆除摄像头。黄红认为自己从来没有偷窥他人隐私的想法，只是为了保障自家安全，没有必要拆除。

法条指引 《中华人民共和国民法典》第一百三十二条 民事主体不得滥用民事权利损害国家利益、社会公共利益或者他人合法权益。

《中华人民共和国民法典》第二百四十条 所有权人对

自己的不动产或者动产，依法享有占有、使用、收益和处分的权利。

《中华人民共和国民法典》第一千零三十三条　除法律另有规定或者权利人明确同意外，任何组织或者个人不得实施下列行为：

（一）以电话、短信、即时通讯工具、电子邮件、传单等方式侵扰他人的私人生活安宁；

（二）进入、拍摄、窥视他人的住宅、宾馆房间等私密空间；

（三）拍摄、窥视、窃听、公开他人的私密活动；

（四）拍摄、窥视他人身体的私密部位；

（五）处理他人的私密信息；

（六）以其他方式侵害他人的隐私权。

问题解答　智能安防产品，提升了个人的安全感及生活便利度，但产品的不当使用也会给他人的隐私、个人信息安全带来风险。黄红安装摄像头的行为具有合理性，但也应当尽到注意义务，选择合适的安装方式和位置，减少对他人的不利影响。本案中，综合考量摄像头的性能和安装位置，都有可能对刘留的个人隐私、生活安宁构成现实威胁，邻里关系也会因之受到影响。因此，比较妥善的处理方式是，黄红改变安装的摄像头朝向，或是直接改变其位置，使摄像头无法或几乎不能拍摄到邻居刘留的家。

5 怎样做才算合法的自助行为？

夏秋与徐快是丙村村民，也是邻居。2019年徐快回村，发现其宅基地与自留地中间的水泥道路侵占了自留地，故将靠近自留地一侧的道路挖掉20厘米后种上了树苗，导致道路变窄，影响村民通行。夏秋因此多次与徐快协商，但均未达成一致意见。在此情况下，夏秋便开始填路，致使徐快种植的树苗毁损。徐快诉至法院，要求夏秋赔偿其因树苗毁损造成的损失。夏秋的行为是自助行为吗？

法条指引 《中华人民共和国民法典》第一千一百六十五条第一款 行为人因过错侵害他人民事权益造成损害的，应当承担侵权责任。

《中华人民共和国民法典》第一千一百七十七条 合法权益受到侵害，情况紧迫且不能及时获得国家机关保护，不立即采取措施将使其合法权益受到难以弥补的损害的，受害人可以在保护自己合法权益的必要范围内采取扣留侵权人的财物等合理措施；但是，应当立即请求有关国家机关处理。

受害人采取的措施不当造成他人损害的，应当承担侵权责任。

问题解答

本起纠纷的起因是徐快挖路种树，但夏秋因通行受阻而填路使致徐快种植的树苗毁损加剧了冲突，夏秋的行为亦存在一定过错。《中华人民共和国民法典》新增了自助行为的规定，但并不意味着受害人自身权益受到侵害就可以随意采取私力进行救济。只有在以后无法向国家机关、法院主张权利或者主张权利的难度显著增加的情况，私力救济才可能被认定为自助行为，且私力救济行为不能超过合理限度，救济行为实施后应立即请求有关国家机关处理。本案中，徐快毁坏道路种植树苗等，虽然妨碍了夏秋等邻居的正常通行，但夏秋应首先请求国家机关解决或者通过向法院起诉等合法途径处理，因此，夏秋的填路行为不属于自助行为。

6 在自甘风险的情况下，场所管理人是否需要对受害人承担损害责任?

甲村为国家3A级旅游景区，免费对外开放。村内河堤旁边栽种有苹果树，该村村委会系苹果树的所有权人。苹果树仅为观赏之用，村委会未向村民或游客提供苹果采摘旅游项目。白万系该村村民，私自上树采摘苹果时不慎从树上跌落受伤。随后，该村村委会主任拨打120救助，在救护车到来之前又有村民将白万送往市区医院治疗，白万于跌落当日经抢救无效死亡。白万的子女以甲村村委会未尽安全保障义务为由起诉村委会，要求其承担赔偿责任。

法条指引 《中华人民共和国民法典》第一千一百七十六条 自愿参加具有一定风险的文体活动，因其他参加者的行为受到损害的，受害人不得请求其他参加者承担侵权责任；但是，其他参加者对损害的发生有故意或者重大过失的除外。

活动组织者的责任适用本法第一千一百九十八条至第一千二百零一条的规定。

《中华人民共和国民法典》第一千一百九十八条 宾馆、商场、银行、车站、机场、体育场馆、娱乐场所等经营场所、公共场所的经营者、管理者或者群众性活动的组织者，未尽到安全保障义务，造成他人损害的，应当承担侵权责任。

因第三人的行为造成他人损害的，由第三人承担侵权责任；经营者、管理者或者组织者未尽到安全保障义务的，承担相应的补充责任。经营者、管理者或者组织者承担补充责任后，可以向第三人追偿。

问题解答 甲村景区属于开放式景区，未向村民或游客提供采摘苹果的旅游项目，苹果树本身并无安全隐患，若要求甲村村委会对景区内的树木加以围蔽、设置警示标志或采取其他防护措施，显然超过善良管理人的注意标准。白万作为有完全民事行为能力的成年人，应当充分预见攀爬苹果树采摘苹果的危险性，并自觉规避此类危险行为。白万私自爬树采摘苹果，不仅违反了村规民约中关于村民要自觉维护村集体的各项财产利益的行为准则，也违反了爱护公物、文明出行的社会公德，有悖公序良俗。白万跌落受伤系其自身过失行为所致，村委会难以预见并防止白万私自爬树可能产生的后果，故白万的子女不应认为村委会未尽安全保障义务，其诉求也不会得到法律的支持。

7 继承人以外的对被继承人扶养较多的人，能否分得遗产？

老李、老刘为甲村村民。老李与老刘系王平的外祖父母，李安是王平的舅舅，在城里打工。王平没有工作，专职照顾老李与老刘的生活直至二人去世。老李与老刘的后事由王平出资办理。老李与老刘去世前立下代书遗嘱，主要内容为：因王平照顾他俩，二人去世后将居住的李家老宅送给王平。李安认为代书遗嘱的代书人是王平的妻子，且没有见证人在场，遗嘱无效。王平提起诉讼，请求确认老李、老刘所立遗嘱合法有效，以及确认其因继承取得李家老宅的所有权。

法条指引 《中华人民共和国民法典》第一千一百三十一条 对继承人以外的依靠被继承人扶养的人，或者继承人以外的对被继承人扶养较多的人，可以分给适当的遗产。

《中华人民共和国民法典》第一千一百三十五条 代书遗嘱应当有两个以上见证人在场见证，由其中一人代书，并由遗嘱人、代书人和其他见证人签名，注明年、月、日。

问题解答 王平提供的代书遗嘱因代书人是其妻子，这种特殊的亲密关系与王平取得遗产存在身份和利益上的利害关系，因此代书行为不符合代书遗嘱的法定形式要求，遗嘱应属无效。所以本案应当按照法定继承进行处理，即继承人以外的对被继承人扶养较多的人，可以分得适当的遗产。王平能专职侍奉外祖父母多年直至老人去世，使老人得以安享晚年，几乎尽到了对两位老人生养死葬的全部扶养责任，这是良好社会道德风尚的具体体现，应给予褒奖。

8 做好人好事付出的费用，能要求得利相关人补偿吗？

程董系小刘的生母，独自居住在丙村。2020年2月19日，程董在家中不慎摔倒导致下肢骨折，因无人送其就医，丙村村委会将程董送至县城人民医院救治，出院后丙村村委会又将程董送至老年公寓。截至2021年3月20日，丙村村委会为程董垫付护理费、伙食费等各类费用共计20000元。丙村村委会认为其垫付的费用应由程董的子女承担，但小刘拒绝支付。丙村村委会向法院提起诉讼，请求小刘支付其垫付的20000元费用。

法条指引 《中华人民共和国民法典》第二十六条　父母对未成年子女负有抚养、教育和保护的义务。

成年子女对父母负有赡养、扶助和保护的义务。

《中华人民共和国民法典》第一千一百三十一条　对继承人以外的依靠被继承人扶养的人，或者继承人以外的对被继承人扶养较多的人，可以分给适当的遗产。

问题解答 赡养老人是中华民族的传统美德，"空巢"老人的赡养问题值得社会关注。本案中，丙村村委会对程董无法定的赡养义务，但在程董的赡养义务人未能履行其法定赡养义务时，及时将程董送至医院就医，在程董出院后又将其送至老年公寓，并支付了住院期间和居住在老年公寓期间的相关费用，承担了本应由其子女承担的赡养义务，充分践行了文明、和谐、友善的社会主义核心价值观，其有权向程董的子女追索垫付的费用。

9 自愿救助却造成他人损害，救助人是否需要承担民事责任？

张量是甲村村民。一日晚饭后，张量的父亲老张与曹成相约到马超家里打牌。当晚，老张突然出现手麻、满头大汗、脸色发青、说话困难等症状，在场的人立即帮助老张仰面平躺在沙发上，老张逐渐失去意识。在场的曹成马上拨打急救电话120，马超打电话联系邻居帮忙。当时情况紧急，等不及救护车的到来，曹成便采用抓住老张双臂的方式将其背起，在场其余人搭手共同将其送上私家车前往医院。后老张经抢救无效于凌晨死亡，死亡原因为急性心肌梗死。张量认为其父亲发病时不能移动只能平躺等待救治，但曹成等人救助方式不恰当，导致老张经抢救无效死亡。

法条指引 《中华人民共和国民法典》第一百八十四条　因自愿实施紧急救助行为造成受助人损害的，救助人不承担民事责任。

问题解答 见义勇为、见危施救是中华民族的传统美德。《中华人民共和国民法典》明确规定，因自愿实施紧急救助行为造成受助人损害的，救助人不承担民事责任。该法条的核心意义在于解决人们做好事时的后顾之忧，不用担心因过失造成损害而遭遇责任追究，从而鼓励对伤病人士施以帮助的行为。马超、曹成等在老张出现身体不适时所采取的照料、救助等一系列行为属于当时场景下能够采取的适当措施，均是对老张的救助行为，并非加害行为。马超、曹成等不是专业医护人员，也没有接受过相关培训，难以通过老张的症状判断其病因，更不知晓其病状是否适合移动，在向120求救后也未得到不能搬动的指示。因此，曹成、马超等所采取的救助方式符合一般人的正常施救方法，不应因不具有专业医护人员的救治水平而认定其存在过错。法律保护善意救助行为，有利于发扬乐于助人的传统美德，也有利于鼓励更多社会公众助人为乐、好意施救。

10 怎么做才算正当防卫？

李萍萍、王静、刘福都是丁村村民。一日，李萍萍与王静因卖菜价格的问题发生争执，李萍萍先用矿泉水瓶砸向王静，两人随即发生肢体冲突。冲突过程中，李萍萍的丈夫刘福扬起手中的扁担欲吓唬制止王静。王静随即用左手拿起身边的板凳，用右手拿着水果刀欲伤害刘福。刘福抓住王静的板凳，王静用刀刺刘福的面部并造成多处创伤。在这一过程中，王静自己也受了伤。

法条指引 《中华人民共和国民法典》第一百八十一条

因正当防卫造成损害的，不承担民事责任。

正当防卫超过必要的限度，造成不应有的损害的，正当防卫人应当承担适当的民事责任。

问题解答 本案件中，李萍萍先用矿泉水瓶砸向王静，导致矛盾进一步激化，李萍萍主观上存在在先过错。刘福参与后，刘福和王静均不同程度受伤。双方作为完全民事行为能力人，均存在过错。虽然王静在与刘福的冲突中处于弱势地位，但其应当预见手中握着的刀可能产生致人损伤的结果，而在冲突中，王静的行为导致刘福受伤，已明显超过了防卫的必要限度。本案中双方的行为均存在过错，但王静手持刀具还击的行为不宜被认定为正当防卫，故王静应对刘福的损害结果以及自身的损害结果承担责任。和谐友善是公民应遵守的道德规范，防卫过当必然要承担法律责任。

11 子女拒绝探望父母，父母能否起诉要求探望？

胡平夫妻均年近八旬，生活在甲村的老宅。作为长子的胡兵在城里打工，因家庭琐事与父母产生矛盾，拒绝探望父母，经亲属多次劝解未果。胡平夫妻于是将胡兵起诉到法院，要求其每个月仅探望他们一次，不需要支付赡养费（因为他们有退休金）。

法条指引 《中华人民共和国民法典》第二十六条 父母对未成年子女负有抚养、教育和保护的义务。

成年子女对父母负有赡养、扶助和保护的义务。

问题解答 赡养老人是中华民族的传统美德，更是成年子女的法定义务。子女不仅应在物质上照顾父母，更应给予父母精神上的慰藉。赡养、扶助老人符合中华民族传统美德和社会主义核心价值观的要求，因此老年人的"精神赡养"请求具有合理性。本案中，胡平夫妻有住房及退休金，未要求胡兵在物质方面履行赡养义务，仅要求其尽精神赡养义务，该诉求符合人伦法理，法院应当予以支持。

12 为维护公序良俗而受到损害的，能否请求赔偿？

王老伯赶集回来，碰到同村的刘乾和他的妻子陈好因家庭琐事在家门口激烈争吵。见两人都是同村村民，王老伯觉得自己作为长辈，有规劝的义务，于是上前好言劝解。刘乾和陈好两人却没把王老伯的劝说当回事，越吵越激烈。刘乾在撕扯陈好的过程中，一不小心将站在一旁的王老伯撞倒在地并导致受伤。王老伯被好心的群众送往附近医院，经医生诊断为骨折。王老伯向刘乾、陈好索赔，但被拒绝，王老伯遂将刘乾、陈好二人起诉至法院。

法条指引 《中华人民共和国民法典》第八条　民事主体从事民事活动，不得违反法律，不得违背公序良俗。

《中华人民共和国民法典》第十条　处理民事纠纷，应当依照法律；法律没有规定的，可以适用习惯，但是不得违背公序良俗。

《中华人民共和国民法典》第九百七十九条第一款　管理人没有法定的或者约定的义务，为避免他人利益受损失而管理他人事务的，可以请求受益人偿还因管理事务而支出的必要费用；管理人因管理事务受到损失的，可以请求受益人给予适当补偿。

《中华人民共和国民法典》第一千一百六十五条　行为人因过错侵害他人民事权益造成损害的，应当承担侵权责任。

依照法律规定推定行为人有过错，其不能证明自己没有过错的，应当承担侵权责任。

问题解答　公序良俗是公共秩序和善良风俗的简称，是明确载入《中华人民共和国民法典》的一个法律概念，在本质上它是社会伦理道德的延伸，也是乡村治理应遵循的一项基本原则。热心的王老伯对刘乾和陈好双方进行劝解，是善意维护公序良俗的正当行为。刘乾和陈好在撕扯的过程中对王老伯造成了损害，存在过错，因此，依据《中华人民共和国民法典》的规定，应当承担侵权责任。这样的规定彰显了“公正、友善”的价值追求，有利于弘扬社会主义核心价值观。

13 什么是遗产管理人？如何产生？有什么作用？

小梅的父亲是位农民，工作勤勤恳恳，吃穿用度能省就省，多年辛苦奋斗攒了20万元存款，有一套住房和一些养老金，膝下有小刚、小梅、小花、小雷兄弟姐妹四人。小儿子小雷从小体弱多病，父亲考虑小雷一家生活不易，把房子钥匙交给小雷，小雷一家一住就是八年。小女儿小花年轻丧偶，独自拉扯孩子，生活十分拮据，父亲心疼女儿，把存有养老金的银行卡连同密码一并交给和告诉小花。三年前，父亲因病去世，没有留下任何遗嘱。父亲去世后，小雷闭口不提房子分割的事，小花也时不时拿父亲的养老金补贴家用，小刚在整理父亲遗物时找到了父亲的储蓄存折，擅自据为己有，等大家发现时20万元存款早已被小刚用完。现在，父亲已经过世三年，遗产分割问题仍未得以解决。

法条指引 《中华人民共和国民法典》第一千一百四十五条　继承开始后，遗嘱执行人为遗产管理人；没有遗嘱执行人的，继承人应当及时推选遗产管理人；继承人未推选的，由继承人共同担任遗产管理人；没有继承人或者继承人均放弃继承的，由被继承人生前住所地的民政部门或者村民委员会担任遗产管理人。

《中华人民共和国民法典》第一千一百四十六条　对遗产管理人的确定有争议的，利害关系人可以向人民法院申请指定遗产管理人。

《中华人民共和国民法典》第一千一百四十七条　遗产管理人应当履行下列职责：

（一）清理遗产并制作遗产清单；

（二）向继承人报告遗产情况；

（三）采取必要措施防止遗产毁损、灭失；

（四）处理被继承人的债权债务；

（五）按照遗嘱或者依照法律规定分割遗产；

（六）实施与管理遗产有关的其他必要行为。

《中华人民共和国民法典》第一千一百四十八条　遗产管理人应当依法履行职责，因故意或者重大过失造成继承人、受遗赠人、债权人损害的，应当承担民事责任。

《中华人民共和国民法典》第一千一百四十九条　遗产管理人可以依照法律规定或者按照约定获得报酬。

问题解答

依据《中华人民共和国民法典》的规定，遗产管理人是对遗产进行清算、保存、管理和分配，并防止遗产遭受转移、隐藏、侵占、变卖等侵害行为的人。遗产管理人制度不仅可以保证遗产公平分割，还能防止遗产的不当减损。法律规定的遗产管理人产生方式主要有以下几种：有遗嘱执行人的，由遗嘱执行人担任；没有的，由共同继承人推选；没有推选的，由继承人共同担任；没有继承人或均放弃继承的，由民政部门或村委会担任；对遗产管理人的确定有争议的，可以申请法院指定。本案中，为了实现遗产的管理与分割，小梅及其他继承人可以推选遗产管理人，在推选不出来时，可以申请法院指定。一个家庭的稳定、团结、和睦需要所有家庭成员共同努力。在继承遗产时，家庭成员应坚持公平原则，并齐心协力防止家庭财富的不当减损。对于利己的个人来说，遗产管理人制度更有利于遗产的合理继承。

14 对不称职的监护人，能否撤销其监护资格？

2012年12月21日，甲村村民白也与李好自愿登记结婚，2014年1月2日他们的女儿小白出生，后李好离家出走下落不明。白也独自抚养小白。在之后的几年间，白也先后两次因盗窃罪被法院判处刑罚，但因故均未予以执行。白也不仅不知悔改，还多次教唆小白实施盗窃行为。

法条指引 《中华人民共和国民法典》第三十六条 监护人有下列情形之一的，人民法院根据有关个人或者组织的申请，撤销其监护人资格，安排必要的临时监护措施，并按照最有利于被监护人的原则依法指定监护人：

（一）实施严重损害被监护人身心健康的行为；

（二）怠于履行监护职责，或者无法履行监护职责且拒绝将监护职责部分或者全部委托给他人，导致被监护人处于危困状态；

（三）实施严重侵害被监护人合法权益的其他行为。

本条规定的有关个人、组织包括：其他依法具有监护资格的人，居民委员会、村民委员会、学校、医疗机构、妇女联合会、残疾人联合会、未成年人保护组织、依法设立的老年人组织、民政部门等。

前款规定的个人和民政部门以外的组织未及时向人民法

院申请撤销监护人资格的，民政部门应当向人民法院申请。

《中华人民共和国民法典》第三十八条　被监护人的父母或者子女被人民法院撤销监护人资格后，除对被监护人实施故意犯罪的外，确有悔改表现的，经其申请，人民法院可以在尊重被监护人真实意愿的前提下，视情况恢复其监护人资格，人民法院指定的监护人与被监护人的监护关系同时终止。

问题解答　白也自己实施犯罪行为并多次教唆小白盗窃，其行为不仅触犯了我国法律，而且对小白的身心健康造成了极大的伤害。白也的行为符合我国法律法规中关于撤销监护人资格的条件，故依法应对其监护人资格予以撤销。白也被撤销监护人资格后，若无法查找到小白的其他监护人或其他监护人明确表示不愿监护小白，当地民政部门作为履行社会保障职责的国家机构，应当为小白今后的生活提供经济保障，并对其教育、医疗、心理健康等进行协调处理。这样的做法，能够帮助小白健康成长，也有利于和谐社会的建设。

15　被他人在网上诽谤，受害人能否要求其承担法律责任？

黄白在甲村经营着一家小卖铺，一日，因食品包装问题，周杰与黄白发生口角。在双方发生纠纷后，周杰多次在微博上散布谣言，对黄白进行造谣、诽谤、污蔑、谩骂，黄白小卖铺的生意因周杰的行为严重受损。为此，黄白向法院起诉，请求周杰消除影响、恢复名誉、赔礼道歉，同时要求赔偿经济损失。

法条指引 《中华人民共和国民法典》第九百九十条 人格权是民事主体享有的生命权、身体权、健康权、姓名权、名称权、肖像权、名誉权、荣誉权、隐私权等权利。

除前款规定的人格权外，自然人享有基于人身自由、人格尊严产生的其他人格权益。

《中华人民共和国民法典》第九百九十一条 民事主体的人格权受法律保护，任何组织或者个人不得侵害。

《中华人民共和国民法典》第九百九十五条 人格权受到侵害的，受害人有权依照本法和其他法律的规定请求行为人承担民事责任。受害人的停止侵害、排除妨碍、消除危险、消除影响、恢复名誉、赔礼道歉请求权，不适用诉讼时效的规定。

《中华人民共和国民法典》第九百九十八条 认定行为人承担侵害除生命权、身体权和健康权外的人格权的民事责任，应当考虑行为人和受害人的职业、影响范围、过错程度，以及行为的目的、方式、后果等因素。

问题解答　微博、微信、QQ 等虽是网络虚拟空间，但都不是法外之地，公民在这些虚拟网络空间里同样需要遵守法律法规，不能为所欲为。公民、法人享有名誉权，公民、法人的人格尊严受法律保护，禁止用侮辱、诽谤等方式损害公民、法人的名誉。本案中，周杰在与黄白发生纠纷后，在微博中散布谣言，对黄白进行造谣、诽谤、污蔑、谩骂，是对黄白名誉权等的侵犯，从而导致黄白的社会评价降低，故周杰应当就此承担民事侵权责任。周杰应该对黄白消除影响、恢复名誉、赔礼道歉、赔偿损失。

在微博等网络虚拟空间中损毁他人名誉，构成网络名誉侵权的，行为人应承担相应的法律责任。公民应当自觉规范网络行为，树立文明交往风尚，构建良好网络秩序。

16 农民能占用自家耕地修建祖坟吗？

甲村的赵大宝羡慕邻家孩子事业有成，封建迷信思想严重的他便请教了一位风水大师改善他家的运气。风水大师认为赵大宝家的祖坟地理位置不好，面积太小，影响了财运，并建议拓宽祖坟面积。赵大宝家的祖坟旁是自家耕地，他改变运气心切，便叫了几个帮手开始挖掘耕地拓宽坟地面积。

赵大宝这种占用耕地修建祖坟的行为违法吗？如果违法会受到何种处罚？

法条指引《中华人民共和国土地管理法》第三十七条第二款　禁止占用耕地建窑、建坟或者擅自在耕地上建房、挖砂、采石、采矿、取土等。

《中华人民共和国土地管理法》第七十五条　违反本法规定，占用耕地建窑、建坟或者擅自在耕地上建房、挖砂、采石、采矿、取土等，破坏种植条件的，或者因开发土地造成土地荒漠化、盐渍化的，由县级以上人民政府自然资源主管部门、农业农村主管部门等按照职责责令限期改正或者治理，可以并处罚款；构成犯罪的，依法追究刑事责任。

《殡葬管理条例》第十条　禁止在下列地区建造坟墓：

（一）耕地、林地；

（二）城市公园、风景名胜区和文物保护区；

（三）水库及河流堤坝附近和水源保护区；

（四）铁路、公路主干线两侧。

前款规定区域内现有的坟墓，除受国家保护的具有历史、艺术、科学价值的墓地予以保留外，应当限期迁移或者深埋，不留坟头。

《殡葬管理条例》第二十条　将应当火化的遗体土葬，或者在公墓和农村的公益性墓地以外的其他地方埋葬遗体、建造坟墓的，由民政部门责令限期改正。

问题解答 为保障农村土地的有效利用，避免出现乱占耕地相关问题，国家发布了《中华人民共和国土地管理法》《殡葬管理条例》等相关法律法规，明确禁止在耕地上修建坟墓。占用耕地建坟属于绝对禁止性规定。本案中赵大宝占用耕地拓宽祖坟面积的行为显然违反法律相关规定，不符合大力整治厚葬薄养、封建迷信等新农村文明乡风建设的要求，其可能受到相关部门责令限期改正或者整治，并处罚款的处罚。

17 长辈去世，同一顺序继承人继承的遗产份额可以协商吗？

甲村村民赵大宝、赵二宝和赵小美是兄妹关系，父亲早逝，母亲艰难拉扯三个儿女。赵大宝作为兄长一直以来都主动承担养家重任，通过辛勤劳作，逐渐将弟弟妹妹抚养成人，弟弟妹妹都有了各自的工作。赵大宝由于长期劳作，腰部损伤严重，到年龄大点时无法再继续劳作，弟弟妹妹在工作之余便回家看望哥哥和母亲。后母亲去世，留下若干财产，并无遗嘱。在分割财产时，赵二宝与赵小美一致表示让哥哥赵大宝多分得一些，以报答哥哥多年来的养育之恩。

法条指引 《中华人民共和国民法典》第一千一百三十条 同一顺序继承人继承遗产的份额，一般应当均等。

对生活有特殊困难又缺乏劳动能力的继承人，分配遗产时，应当予以照顾。

对被继承人尽了主要扶养义务或者与被继承人共同生活的继承人，分配遗产时，可以多分。

有扶养能力和有扶养条件的继承人，不尽扶养义务的，分配遗产时，应当不分或者少分。

继承人协商同意的，也可以不均等。

问题解答 《中华人民共和国民法典》第一千一百三十条规定，在一般情况下，同一顺序的各个法定继承人，所应继承的遗产份额应当均等。这里的“一般”指法律没有特殊规定的情况，而在特殊情况下可以不均等地分配遗产。本案则属于该条第二款与第五款规定的情形，即赵大宝腰部损伤无法继续劳作，没有收入来源，生活有特殊困难又缺乏劳动能力，分配遗产时应当予以照顾。同时，赵二宝与赵小美也经过协商同意让大哥赵大宝多分得遗产，彰显出团结友爱、互相帮助的优良家风。

18 妻子边务农劳作边料理家务，离婚时可以要求丈夫进行经济补偿吗？

甲村村民赵林与杨彩云于两年前结婚，随后儿子小宝出生。为了提高劳作效率增加收入，杨彩云经常与丈夫赵林一同劳作，回家后还要打理家务，照顾父母和孩子。渐渐地杨彩云发现丈夫赵林不仅不关心家庭，劳作时也偷懒，杨彩云难以再忍受下去，二人经常争吵，邻里纷纷进行协调，让赵林多理解和关心妻子。赵林对别人的劝说不予理睬，杨彩云在无奈之下向法院起诉离婚，并请求经济补偿。赵林则认为女人照顾家庭天经地义，无权请求补偿。

法条指引 《中华人民共和国民法典》第一千零八十八条　夫妻一方因抚育子女、照料老年人、协助另一方工作等负担较多义务的，离婚时有权向另一方请求补偿，另一方应当给予补偿。具体办法由双方协议；协议不成的，由人民法院判决。

问题解答 家庭的良好运转离不开夫妻双方的共同付出，合理分担家庭责任，有利于和谐家庭的构建。本案中杨彩云一边劳作一边料理家务，在很大程度上给家庭带来了重大现实利益，而赵林认为女人照顾家庭是天经地义的事的想法不符合夫妻互相尊重、互相关爱的优良风气。全面肯定家务劳动价值，能体现夫妻双方在婚姻中的平等性和公平性，促使家庭成员真正意识到家务劳动等隐形付出对婚姻家庭的重要贡献，对家庭文明建设具有重要促进作用。综合来看，本案中杨彩云的诉求符合法律的相关规定。

19 家庭财产可以分给外人吗？

甲村村民李富贵年近八旬，唯一的儿子李小贵在外务工很少回家探望父亲，对父亲的生活状况不管不顾。李富贵的邻居李明是个热心善良的小伙，见李富贵孤身一人，又身体不好，便经常主动帮忙照料李富贵的生活起居。李富贵深表感激，便立下遗嘱将自己的房子留给李明。李富贵去世后，留下房子和存款若干，对于房子的归属，李小贵与李明发生了争执。李小贵认为李明作为外人无权继承父亲的房子，便向法院起诉，请求自己取得房屋所有权。

法条指引 《中华人民共和国民法典》第一千一百三十三条 自然人可以依照本法规定立遗嘱处分个人财产，并可以指定遗嘱执行人。

自然人可以立遗嘱将个人财产指定由法定继承人中的一人或者数人继承。

自然人可以立遗嘱将个人财产赠与国家、集体或者法定继承人以外的组织、个人。

自然人可以依法设立遗嘱信托。

问题解答 根据《中华人民共和国民法典》的规定，自然人可以通过遗嘱自由处分个人财产，变更法定继承人的顺序和应继承的遗产份额，乃至将遗产捐赠给国家、集体或者法定继承人之外的组织、个人，这是最大程度地尊重公民的财产权。本案中，李富贵主动以遗嘱的形式预先将个人房产遗赠邻居李明，遗赠行为是李富贵的真实意愿，故李明获得该房的行为合法。至于李小贵，由于没有尽到赡养义务，依据法律的规定，在分配遗产时可能不得或者少得。先辈对自己的财物享有自由处分权，可出于感激之情向施与恩惠的“外人”赠与财物，这可在一定程度上促使后辈尽赡养义务，也对构建文明、和谐家庭具有推动作用。

20 乡村坟地墓碑被破坏，被侵权人可以要求精神损害赔偿吗？

甲村村民王成家的祖坟旁是自家耕地，其早年间外出务工，让亲戚陈丽帮忙照料耕地。这年清明节，王成回乡扫墓祭祖，发现自家祖坟的墓碑被破坏，询问后才知是陈丽前段时间在墓地旁堆放了农具，在搬运农具时不慎损坏墓碑。王成十分气愤，认为陈丽破坏祖坟墓碑的行为给自己造成了巨大的精神伤害，要求陈丽赔偿精神损失费。

法条指引 《中华人民共和国民法典》第一千一百八十三条 侵害自然人人身权益造成严重精神损害的，被侵权人有权请求精神损害赔偿。

因故意或者重大过失侵害自然人具有人身意义的特定物造成严重精神损害的，被侵权人有权请求精神损害赔偿。

问题解答 墓地作为埋葬死者的特殊用地，具有对死者身份的唯一指征性，既是死者的人格象征，亦是后人追忆、纪念、祭奠已逝亲人的特定场所。墓碑具有明显的精神价值，承载着特殊情感，理应被认定为具有人身意义的特定物。损坏墓碑的行为既不符合风俗习惯，也违反社会公德。本案中陈丽没有尽到充分注意义务破坏了王成家祖坟墓碑，有悖社会公德，对王成造成了感情和精神创伤，应该承担侵权责任，并适当赔偿精神损失。

21 拾得他人遗失物，拾得人能否要求失主支付必要的保管费用？

王丽和王帅是同村村民，王丽在放牧的过程中一只山羊不慎走失，而后被外出的王帅发现。王帅不知道山羊的主人，便将山羊牵到自己家中照料，打算随后寻找失主。三天后，王丽发现自己的山羊在王帅家里，便找王帅索要，王帅要求王丽支付这三天照料山羊的费用，王丽不愿支付，遂发生争执。王帅始终认为自己的请求不过分。

法条指引 《中华人民共和国民法典》第三百一十四条 拾得遗失物，应当返还权利人。拾得人应当及时通知权利人领取，或者送交公安等有关部门。

《中华人民共和国民法典》第三百一十七条 权利人领取遗失物时，应当向拾得人或者有关部门支付保管遗失物等支出的必要费用。

权利人悬赏寻找遗失物的，领取遗失物时应当按照承诺履行义务。

拾得人侵占遗失物的，无权请求保管遗失物等支出的费用，也无权请求权利人按照承诺履行义务。

问题解答 本案中王帅作为拾得人有权要求王丽支付必要费用。根据《中华人民共和国民法典》的规定，王帅拾得王丽丢失的山羊后，应当返还给权利人王丽，同时，王帅也有权要求王丽支付妥善照看山羊期间支出的必要费用。拾金不昧是中华民族的传统美德，物归原主是拾到他人物品后拾得人的应然选择。王帅在王丽向自己索要山羊的情况下，应该将山羊予以归还。同时，王帅出于好心照看山羊支出了一定的费用，王丽应该予以相应补偿，让好人"费心"又"费钱"的行为得到回报。就拾得人因保管、返还遗失物产生的必要费用，失主给予一定的补偿符合生活常理，也有利于创造公平、有序、诚信的社会环境，促进人与人之间的和谐共处。

22 未经收养登记，能否成立事实收养？

村民王美意外怀孕生下女儿王小美，并将王小美送给亲戚王彩霞养育，但未办理收养手续。多年来，王彩霞夫妇对王小美视如己出，提供了良好的生活、教育环境。后来王美的思女之情渐浓，找到了正在上大学的王小美，要求认亲。王小美面对突然出现的亲生母亲一时无法接受，不愿意认王美为母亲，王彩霞也不允许王美继续打扰王小美的生活。无奈之下，王美以未办理收养手续为由，诉请法院裁定收养关系不成立。

法条指引 《中华人民共和国民法典》第一千零四十四条　收养应当遵循最有利于被收养人的原则，保障被收养人和收养人的合法权益。

禁止借收养名义买卖未成年人。

《中华人民共和国民法典》第一千一百零五条　收养应当向县级以上人民政府民政部门登记。收养关系自登记之日起成立。

收养查找不到生父母的未成年人的，办理登记的民政部门应当在登记前予以公告。

收养关系当事人愿意签订收养协议的，可以签订收养协议。

收养关系当事人各方或者一方要求办理收养公证的，应当办理收养公证。

县级以上人民政府民政部门应当依法进行收养评估。

问题解答 根据法律的规定，收养关系的成立需要满足实质要件与形式要件。但是对于未进行登记的事实收养，也不能一概否定养育之情和后天培养的亲情。当然，对事实收养进行肯定，并不意味着否认收养登记等程序性要求的严肃性与正当性。本案中，王彩霞尽心尽力养育王小美，已经形成了稳定和谐的亲情关系和家庭关系，尽管并未办理收养登记手续，法定收养关系不成立，但根据“最有利于被收养人”的原则，王小美可以提出补办收养登记手续，确定收养关系。这也有助于弘扬知恩图报、孝养父母的传统美德。

23 继子女未承担赡养义务，有权获得继父母的遗产吗？

村民杨小云五岁的时候母亲去世，后来父亲与张聪相识并结为夫妻，张聪还有一子张小聪。张聪虽然是杨小云的继母，但对杨小云万分宠爱，视如己出，杨小云却一直不喜欢张聪，始终不接受其成为自己的母亲。父亲去世后，杨小云经常对继母张聪恶语相向，完全未尽到赡养义务。张聪离世后留下财产若干，这时杨小云与张小聪就母亲的遗产分割发生纠纷，张小聪认为杨小云从未对母亲履行赡养义务，不应当分得遗产。

法条指引 《中华人民共和国民法典》第一千零七十二条　继父母与继子女间，不得虐待或者歧视。

继父或者继母和受其抚养教育的继子女间的权利义务关系，适用本法关于父母子女关系的规定。

《中华人民共和国民法典》第一千一百三十条　同一顺序继承人继承遗产的份额，一般应当均等。

对生活有特殊困难又缺乏劳动能力的继承人，分配遗产时，应当予以照顾。

对被继承人尽了主要扶养义务或者与被继承人共同生活的继承人，分配遗产时，可以多分。

有扶养能力和有扶养条件的继承人，不尽扶养义务的，分配遗产时，应当不分或者少分。

继承人协商同意的，也可以不均等。

问题解答 继父母、继子女都是家庭的重要成员，继子女与继父母在相处过程中不应虐待或者歧视。本案中张聪作为杨小云的继母，对杨小云关爱有加，对家庭也尽职尽责，但杨小云对其恶语相向的行为有违“敬老爱老、和睦文明”的优良家风精神，于情于理都应受到谴责。根据法律的相关规定，虽然继子女是继父母的遗产第一顺序继承人，但履行赡养扶助继父母的义务，最终才可能继承继父母的遗产。杨小云由于没有尽到赡养义务，应当不得或者少得遗产。

24 好意让他人无偿搭乘车辆致他人损害的，好意方需要承担责任吗？

村民张大宝结束了一天的工厂工作后，与工友在农家乐小酌了几杯，聚会结束后，张大宝由于饮过酒无法自驾回家，于是搭乘一位未喝酒的工友李贵的车回家。当时天色已晚，街边的路灯光线也不好，在转弯时李贵的车不小心和另一辆小车发生碰撞，交警认定李贵负全责。张大宝因交通事故受伤，他要求李贵赔偿，两人发生了纠纷。当时聚会的其他工友均认定张大宝为自愿上车，且李贵是出于好意送其回家，并非故意造成张大宝受伤，他们还认为没有支付报酬却要求赔偿的行为十分不公平。

法条指引 《中华人民共和国民法典》第一千二百一十七条　非营运机动车发生交通事故造成无偿搭乘人损害，属于该机动车一方责任的，应当减轻其赔偿责任，但是机动车使用人有故意或者重大过失的除外。

问题解答 好意搭乘应当是全社会赞许并值得提倡的互助行为，但好心车主的善意搭载不等于其甘冒一切风险，也不等于其不需要承担任何责任。考虑到好心车主善意和无偿的因素，法律对好心车主的责任有所减轻，否则将有违民事活动应遵循公序良俗、弘扬社会主义文明风尚的原则。本案中，李贵开车转弯时因不小心而造成事故具有一定的过错，应当对张大宝进行赔偿。但是李贵的行为过错较小，不属于故意或者重大过失，应当减轻其责任。

25 如何认定第一顺序继承人，同一顺序继承人一定可以均等继承遗产吗？

村民老赵早年丧偶，大儿子一宝常年外出打工，很少回家看望老人，老赵一直与小儿子二宝一家在村里共同生活。前几年小儿子二宝因病去世，二儿媳一人照顾老赵的生活起居，视老赵如同自己的亲生父亲一般对待，从无任何怨言。老赵去世后，留下房产与存款，此时大儿子一宝认为弟媳是外人，无权继承父亲的遗产，而自己作为唯一第一顺序继承人，应当继承父亲的全部遗产。

法条指引 《中华人民共和国民法典》第一千一百二十九条　丧偶儿媳对公婆，丧偶女婿对岳父母，尽了主要赡养义务的，作为第一顺序继承人。

《中华人民共和国民法典》第一千一百三十条　同一顺序继承人继承遗产的份额，一般应当均等。

对生活有特殊困难又缺乏劳动能力的继承人，分配遗产时，应当予以照顾。

对被继承人尽了主要扶养义务或者与被继承人共同生活的继承人，分配遗产时，可以多分。

有扶养能力和有扶养条件的继承人，不尽扶养义务的，分配遗产时，应当不分或者少分。

继承人协商同意的，也可以不均等。

问题解答　本案中，一宝作为老赵遗产的第一顺序继承人的地位是毋庸置疑的，但根据法律的规定，丧偶儿媳、女婿若对公婆、岳父母尽了主要赡养义务的，同样可位居第一顺序继承人。二儿媳对公公老赵进行了无微不至的照顾，当然尽到了主要赡养义务，不仅能作为第一顺序继承人，还可能多分得遗产。而一宝对父亲不仅没有保证其基本物质生活条件，在精神上也未尽到赡养义务，因此也无权分得全部遗产。从该案中我们可以认识到，遗产的继承，除了要有利于家族产业、事业的代代相传，还要有利于家族内部良好家庭道德与文明的维系。

26 因无因管理支出的必要费用，无因管理人有权要求受益人偿还吗？

村民王毅承包了村里的鱼塘，一直精心经营，在一次喂养中，王毅不幸溺水身亡。王毅的同村好友李豪便主动承担起照料鱼塘的责任，并告知了王毅在外工作的儿子。现鱼已长大，王毅组织人员将鱼打捞上市售卖，收益颇丰。在一次打捞过程中，李豪不小心滑进鱼塘扭伤了脚，因此支出医疗费若干。李豪要求王毅的儿子支付其照料鱼塘、组织人员打捞的必要费用及因捞鱼扭伤脚的医药费，还要求平分收益。李豪认为自己的请求合情合理。

法条指引 《中华人民共和国民法典》第一百二十一条 没有法定的或者约定的义务，为避免他人利益受损失而进行管理的人，有权请求受益人偿还由此支出的必要费用。

《中华人民共和国民法典》第九百七十九条 管理人没有法定的或者约定的义务，为避免他人利益受损失而管理他人事务的，可以请求受益人偿还因管理事务而支出的必要费用；管理人因管理事务受到损失的，可以请求受益人给予适当补偿。

管理事务不符合受益人真实意思的，管理人不享有前款规定的权利；但是，受益人的真实意思违反法律或者违背公序良俗的除外。

问题解答 本案中，李豪在王毅死后鱼塘无人照料，又经王毅儿子同意的情况下，主动管理鱼塘的行为，属于无因管理行为。李豪照料鱼塘、组织人员打捞支付的必要费用属于因管理事务而支出的必要费用，因捞鱼扭伤脚的医药费属于因管理事务受到的损失，对这两项费用可以请求受益人王毅的儿子支付。而李豪要求平分收益的要求无法律依据，不能得到法律的支持。无因管理制度是在法律一方面维护“干涉他人之事为违法”的原则，另一方面又倡导社会互助、追求社会和谐的背景下产生的，体现了公平正义的法律精神。

27 在自家院子里种树影响到邻居家采光的，邻居如何进行权利救济？

赵勇和李乐是邻居。几年前，赵勇在自家院子里靠近李乐家一侧的空地种了几棵树苗，前几年树还不大，对采光并无影响，赵、李两家的邻里关系也很和睦。但随着小树苗逐渐长大，茂盛的枝叶伸展到了李乐家的院子，严重影响李乐家的采光，李乐劝赵勇修剪枝干，但赵勇认为其在自家院子里种树天经地义，他人无权干涉。两家因此产生了纠纷。

法条指引 《中华人民共和国民法典》第二百八十八条

不动产的相邻权利人应当按照有利生产、方便生活、团结互助、公平合理的原则，正确处理相邻关系。

问题解答 俗话说“远亲不如近邻”，邻里之间应当互谅互让、和睦相处。在行使不动产的相关权利时，如通风、采光、用水、通行等，相邻各方应当相互给予便利和接受限制，这样才能既无损于权利人的正当权益，又满足邻居的合理需要。本案中赵勇家的大树影响到邻居李乐家的采光，李乐可以通过诉讼等法律手段要求其消除影响、恢复原状。邻里只有互相谅解、团结互助，才能构建互利共赢、和谐稳定的关系，进而对形成良好社会道德风尚、建设美丽乡村起到促进作用。

28 离婚时，由哪一方抚养子女才能保障其利益的最大化？

小芳是甲村村民刘芳与吕一的女儿，两人在女儿出生后一直处于分居状态，小芳由母亲刘芳照顾。某日吕一将不满两周岁的小芳强行抱回自己家，并同时向法院起诉离婚。法院判决小芳由刘芳抚养后，吕一仍然不将孩子交给刘芳，甚至在小芳上幼儿园时给小芳改了名字，以此防止刘芳找到孩子。小芳八岁上小学时，刘芳通过各种途径终于找到了孩子，吕一为拒绝刘芳探望小芳，向法院起诉请求小芳由其本人抚养。

法条指引 《中华人民共和国民法典》第一千零八十四条 父母与子女间的关系，不因父母离婚而消除。离婚后，子女无论由父或者母直接抚养，仍是父母双方的子女。

离婚后，父母对于子女仍有抚养、教育、保护的权利和义务。

离婚后，不满两周岁的子女，以由母亲直接抚养为原则。已满两周岁的子女，父母双方对抚养问题协议不成的，由人民法院根据双方的具体情况，按照最有利于未成年子女的原则判决。子女已满八周岁的，应当尊重其真实意愿。

《中华人民共和国民法典》第一千零八十六条 离婚后，不直接抚养子女的父或者母，有探望子女的权利，另一方有协助的义务。

行使探望权利的方式、时间由当事人协议；协议不成的，由人民法院判决。

父或者母探望子女，不利于子女身心健康的，由人民法院依法中止探望；中止的事由消失后，应当恢复探望。

问题解答 父母离婚后争夺孩子抚养权的现象并不少见，但是单亲抚养是基于离婚后父母不再共同生活这一前提而做出的“不得已”行为。本案中吕一强行将不满两周岁的小芳从母亲身边带走，使其长期处于脱离母爱的环境，又以改名字的方式防止刘芳找到孩子，这些行为并非最有利于小芳的成长。为了未成年人小芳的健康成长，保障其利益最大化，可以结合实际情况让其父母轮流抚养，使得其在“相对完整的家庭”中快乐成长，也能最大程度地发挥父母各自的长处，提高抚养质量。

29 子女能否以父母未尽抚养义务为由，拒绝赡养父母？

甲村村民李梅与丈夫王强育有一子小强、一女小梅，王强去世后，李梅不堪家庭重负，不愿继续待在农村抚养孩子，便离家出走，留下尚未成年的小强与小梅在村中与爷爷奶奶生活，李梅仅是每月寄点生活费到家里以确保孩子的基本生活。若干年后，小强与小梅均成年并工作，而李梅被确诊患有重病，拖欠医院医药费上万元。李梅多次请求小强与小梅支付赡养费及医药费，但兄妹二人以母亲在其小时候未尽抚养义务为由拒绝支付相关费用。

法条指引 《中华人民共和国民法典》第一千零六十七条 父母不履行抚养义务的，未成年子女或者不能独立生活的成年子女，有要求父母给付抚养费的权利。

成年子女不履行赡养义务的，缺乏劳动能力或者生活困难的父母，有要求成年子女给付赡养费的权利。

问题解答 抚养义务和赡养义务是两个不同的法律概念。若父母对子女没有尽到抚养义务，子女有权向父母主张履行抚养义务或支付抚养费，但子女成年后不能因为父母未尽到抚养义务而拒绝承担赡养义务。本案中李梅离家出走时，小强与小梅虽尚未成年，但李梅每月往家里寄生活费确保孩子基本生活的行为在一定程度上也尽到了部分抚养义务。现李梅患有重病，缺乏劳动能力，享有要求已经成年的小强、小梅给付赡养费的权利，小强、小梅应尽赡养义务。百善孝为先，赡养父母是成年子女应尽的义务。尊老爱幼，家庭成员相互理解、支持，才能更好地促进家庭和谐与稳定。

30 随祖辈生活的孙辈的权益如何保障？

村民杨彩云是小云的外祖母，小云的父亲李大壮和母亲张丽离婚后，小云由母亲直接抚养居住在外祖母家。后张丽因病去世，小云便同外祖母杨彩云共同生活，其生活费、教育费大部分都由杨彩云承担，李大壮以生意不景气为由经常拒绝支付相关费用。最近，小云要就读县里的一所私立中学，学费较为昂贵，杨彩云垫付后要求李大壮向其支付所垫费用，但李大壮以小云不需要读这么贵的中学为由拒绝支付，双方因此产生纠纷。

法条指引 《中华人民共和国民法典》第一千零四十三条　家庭应当树立优良家风，弘扬家庭美德，重视家庭文明建设。

夫妻应当互相忠实，互相尊重，互相关爱；家庭成员应当敬老爱幼，互相帮助，维护平等、和睦、文明的婚姻家庭关系。

《中华人民共和国民法典》第一千零六十七条　父母不履行抚养义务的，未成年子女或者不能独立生活的成年子女，有要求父母给付抚养费的权利。

成年子女不履行赡养义务的，缺乏劳动能力或者生活困难的父母，有要求成年子女给付赡养费的权利。

问题解答 家庭成员应当互相帮助，维护和睦、文明的家庭关系。父母对未成年子女有抚养教育的义务，小云是李大壮和张丽的女儿，在张丽离世后，李大壮作为小云的监护人对其负有抚养教育的义务。在李大壮有抚养能力的情况下，杨彩云对小云没有法定抚养义务，仅有属于家庭成员间的帮助关系，因此杨彩云有权要求李大壮偿付其代为抚养小云所支出的费用。因此，明晰祖父母协助抚养孙辈的行为性质，有利于规范引领社会行为、构建文明和谐的家庭。

第三篇

架构健全制度
美丽乡村才美丽

1 将农用地转为建设用地,应该经过哪些审批流程?

丁村集体经济组织自从把土地出租给文陆公司后,获得了不菲的收入。村委会主任老李心想,国家政策好,村里的路也修了,电也通了,水也通了,还有一些闲钱,不如修个活动中心方便大家丰富业余生活。村民听到这个建议后一致表示同意,几经商议,选中了一块位于村委会旁边闲置的非永久性基本农田农用地,并且该块土地不属于国土空间规划确定的城市和村庄、集镇建设用地范围。村民们想知道如何才能将这块农用地转变为建设用地。

法条指引 《中华人民共和国土地管理法》第四十四条　建设占用土地,涉及农用地转为建设用地的,应当办理农用地转用审批手续。

…………

在土地利用总体规划确定的城市和村庄、集镇建设用地规模范围内,为实施该规划而将永久基本农田以外的农用地转为建设用地的,按土地利用年度计划分批次按照国务院规定由原批准土地利用总体规划的机关或者其授权的机关批准。在已批准的农用地转用范围内,具体建设项目用地可以由市、县人民政府批准。

在土地利用总体规划确定的城市和村庄、集镇建设用地规模范围外，将永久基本农田以外的农用地转为建设用地的，由国务院或者国务院授权的省、自治区、直辖市人民政府批准。

《中华人民共和国土地管理法实施条例》第二十四条 建设项目确需占用国土空间规划确定的城市和村庄、集镇建设用地范围外的农用地，涉及占用永久基本农田的，由国务院批准；不涉及占用永久基本农田的，由国务院或者国务院授权的省、自治区、直辖市人民政府批准。具体按照下列规定办理：

（一）建设项目批准、核准前或者备案前后，由自然资源主管部门对建设项目用地事项进行审查，提出建设项目用地预审意见。建设项目需要申请核发选址意见书的，应当合并办理建设项目用地预审与选址意见书，核发建设项目用地预审与选址意见书。

（二）建设单位持建设项目的批准、核准或者备案文件，向市、县人民政府提出建设用地申请。市、县人民政府组织自然资源等部门拟订农用地转用方案，报有批准权的人民政府批准；依法应当由国务院批准的，由省、自治区、直辖市人民政府审核后上报。农用地转用方案应当重点对是否符合国土空间规划和土地利用年度计划以及补充耕地情况作出说明，涉及占用永久基本农田的，还应当对占用永久基本农田的必要性、合理性和补划可行性作出说明。

（三）农用地转用方案经批准后，由市、县人民政府组织实施。

问题解答　由于丁村计划修建村民活动中心所占用的土地不属于国土空间规划确定的城市和村庄、集镇建设用地范围，不属于永久基本农田，因此将这块农用地转化为建设用地需要经过以下步骤：第一，建设项目批准、核准前或者备案前后，由自然资源主管部门对建设项目用地事项进行审查，提出建设项目用地预审意见。建设项目需要申请核发选址意见书的，还应同时取得自然资源主管部门出具的选址意见书；第二，持建设项目的批准、核准或者备案文件，向市、县人民政府提出建设用地申请；第三，市、县人民政府组织自然资源等部门拟订农用地转用方案，报有批准权的人民政府批准，依法应由国务院批准的，由省、自治区，直辖市人民政府审核后上报；第四，农用地转用方案经批准后，由市、县人民政府组织实施。

农用地转用审批、核准和备案是严格控制农用地转为建设用地的重要措施，是土地用途管制制度的关键环节。因此，丁村应当依照法律规定向有关部门申请办理审批手续，并严格执行转用方案。

2 全家若干人住一户，因家庭关系不和睦而分家后，能够申请多块宅基地建房吗？

村民赵大民有多子，但是并未分家分户，一家人一直住在一起，但最近兄弟妯娌之间矛盾频频发生，严重影响家庭和睦。赵大民觉得一家人在一起总是好的，没有化解不了的矛盾，但其儿子儿媳意见明显与其冲突，都想各自建房搬出去单独过日子。赵大民不知道分户后儿子们能否申请到宅基地，有些担心。

法条指引 《中华人民共和国土地管理法》第六十二条　农村村民一户只能拥有一处宅基地，其宅基地的面积不得超过省、自治区、直辖市规定的标准。

人均土地少、不能保障一户拥有一处宅基地的地区，县级人民政府在充分尊重农村村民意愿的基础上，可以采取措施，按照省、自治区、直辖市规定的标准保障农村村民实现户有所居。

…………

《中华人民共和国土地管理法实施条例》第三十四条第一款　农村村民申请宅基地的，应当以户为单位向农村集体经济组织提出申请；没有设立农村集体经济组织的，应当向所在的村民小组或者村民委员会提出申请。宅基地申请依法经农村村民集体讨论通过并在本集体范围内公示后，报乡（镇）人民政府审核批准。

问题解答 我国实行一户一宅制度，即农村村民一户只能拥有一处宅基地。赵大民的儿子们完成分户后，可以户为单位向所在的农村集体经济组织提出申请；没有设立农村集体经济组织的，应当向所在的村民小组或者村民委员会提出申请。宅基地申请经集体讨论通过并公示后，报乡（镇）人民政府批准后，赵大民的儿子们就可拥有宅基地。

3 自然灾害严重毁损承包地，村委会能否对还在承包期的土地进行调整？

甲村村民赵大宝承包了一块草地，后因连续多日下雨，引起山洪，诱发泥石流，草地被严重毁损，赵大宝经济损失惨重。这时赵大宝找到村委会，希望更换承包地。甲村村委会能否为赵大宝调整草地？

法条指引 《中华人民共和国民法典》第三百三十六条

承包期内发包人不得调整承包地。

因自然灾害严重毁损承包地等特殊情形，需要适当调整承包的耕地和草地的，应当依照农村土地承包的法律规定办理。

《中华人民共和国农村土地承包法》第二十八条　承包期内，发包方不得调整承包地。

承包期内，因自然灾害严重毁损承包地等特殊情形对个别农户之间承包的耕地和草地需要适当调整的，必须经本集体经济组织成员的村民会议三分之二以上成员或者三分之二以上村民代表的同意，并报乡（镇）人民政府和县级人民政府农业农村、林业和草原等主管部门批准。承包合同中约定不得调整的，按照其约定。

问题解答　根据我国法律的规定，因自然灾害导致承包地严重毁损的，发包方可以适当调整农户的承包地。正常情况下，在承包期内不得调整承包地，这有利于保障农民长期享有土地使用权，保持农村土地承包关系的长期稳定。本案中，赵大宝的草地因自然灾害严重毁损，属于法律规定的特殊情形，若仍不允许调整，可能导致赵大宝失去基本生活来源。因此，村委会可以对赵大宝还在承包期内的承包地进行调整，但必须经本集体经济组织成员的村民会议三分之二以上成员或者三分之二以上村民代表的同意，并报乡（镇）人民政府和县级人民政府农业农村、林业和草原等主管部门批准。

4 村民想发展乡村产业，应如何设立农民专业合作社？

李飞为丙村村民，一日，他在观看中央电视台的农业类节目时发现，农民专业合作社可以集合大家的力量，办大事，从而致富。受到启发的李飞也想伙同同村村民设立农民专业合作社，充分利用本村的地理优势，开发乡村旅游精品路线。李飞等想知道设立农民专业合作社的条件等。

法条指引 《中华人民共和国农民专业合作社法》第十二条　设立农民专业合作社，应当具备下列条件：

（一）有五名以上符合本法第十九条、第二十条规定的成员；

（二）有符合本法规定的章程；

（三）有符合本法规定的组织机构；

（四）有符合法律、行政法规规定的名称和章程确定的住所；

（五）有符合章程规定的成员出资。

《中华人民共和国农民专业合作社法》第十九条第一款　具有民事行为能力的公民，以及从事与农民专业合作社业务直接有关的生产经营活动的企业、事业单位或者社会组织，能够利用农民专业合作社提供的服务，承认并遵守农民专业合作社章程，履行章程规定的入社手续的，可以成为农民专业合作社的成员。但是，具有管理公共事务职能的单位不得加入农民专业合作社。

《中华人民共和国农民专业合作社法》第二十条　农民专业合作社的成员中，农民至少应当占成员总数的百分之八十。

成员总数二十人以下的，可以有一个企业、事业单位或者社会组织成员；成员总数超过二十人的，企业、事业单位和社会组织成员不得超过成员总数的百分之五。

问题解答

设立农民专业合作社应该有五名以上符合《中华人民共和国农民专业合作社法》相关规定的成员，且农民专业合作社的章程和组织机构必须符合法律规定，要有确定的名称和住所，且有足额的资金。这样的规定不仅是为了保护农民专业合作社的组织架构完整，还旨在保护相对人的交易信赖。一个组织架构不完善、人员不充足、名称不确定、没有固定住所的农民专业合作社，是不会有民事主体愿意与其交易的。村民要依法经营农民专业合作社，以便更好地实现产业的可持续发展。

5 申请设立农民专业合作社需要提交哪些材料？

李飞在看电视的时候产生了灵感，想要设立农民专业合作社。李飞和合伙人达成了合作的一致意见。接下来他们需要着手处理的事情是准备审批材料。李飞和他的合伙人需要向工商行政管理部门提交哪些材料呢？

法条指引 《中华人民共和国农民专业合作社法》第十六条　设立农民专业合作社，应当向工商行政管理部门提交下列文件，申请设立登记：

（一）登记申请书；

（二）全体设立人签名、盖章的设立大会纪要；

（三）全体设立人签名、盖章的章程；

（四）法定代表人、理事的任职文件及身份证明；

（五）出资成员签名、盖章的出资清单；

（六）住所使用证明；

（七）法律、行政法规规定的其他文件。

登记机关应当自受理登记申请之日起二十日内办理完毕，向符合登记条件的申请者颁发营业执照，登记类型为农民专业合作社。

农民专业合作社法定登记事项变更的，应当申请变更登记。

登记机关应当将农民专业合作社的登记信息通报同级农业等有关部门。

农民专业合作社登记办法由国务院规定。办理登记不得收取费用。

问题解答 依据《中华人民共和国农民专业合作社法》的相关规定，李飞和合伙人应当提交以下材料：登记申请书；全体设立人签名、盖章的设立大会纪要；全体设立人签名、盖章的章程；法定代表人、理事的任职文件及身份证明；出资成员签名、盖章的出资清单；住所使用证明；法律、行政法规规定的其他文件。在提交材料后，登记机关应当自受理登记申请之日起二十日内办理完毕，向符合登记条件的申请者颁发营业执照，登记类型为农民专业合作社。

6 农民专业合作社应当如何召开会议？

李飞等的农民专业合作社设立后，在经营过程中出现了一些问题，李飞和另一个主要合伙人拿不定主意，想要召开成员大会，广开言路，集思广益，那么，李飞等成员应当如何有效召开大会呢？

法条指引 《中华人民共和国农民专业合作社法》第三十条 农民专业合作社召开成员大会，出席人数应当达到成员总数三分之二以上。

成员大会选举或者作出决议，应当由本社成员表决权总数过半数通过；作出修改章程或者合并、分立、解散，以及设立、加入联合社的决议应当由本社成员表决权总数的三分之二以上通过。章程对表决权数有较高规定的，从其规定。

《中华人民共和国农民专业合作社法》第三十一条 农民专业合作社成员大会每年至少召开一次，会议的召集由章程规定。有下列情形之一的，应当在二十日内召开临时成员大会：

（一）百分之三十以上的成员提议；

（二）执行监事或者监事会提议；

（三）章程规定的其他情形。

《中华人民共和国农民专业合作社法》第三十二条 农民专业合作社成员超过一百五十人的，可以按照章程规定设立成员代表大会。成员代表大会按照章程规定可以行使成员大会的部分或者全部职权。

依法设立成员代表大会的，成员代表人数一般为成员总人数的百分之十，最低人数为五十一人。

《中华人民共和国农民专业合作社法》第三十三条 农民专业合作社设理事长一名，可以设理事会。理事长为本社的法定代表人。

农民专业合作社可以设执行监事或者监事会。理事长、理事、经理和财务会计人员不得兼任监事。

理事长、理事、执行监事或者监事会成员，由成员大会从本社成员中选举产生，依照本法和章程的规定行使职权，对成员大会负责。

理事会会议、监事会会议的表决，实行一人一票。

《中华人民共和国农民专业合作社法》第三十四条　农民专业合作社的成员大会、成员代表大会、理事会、监事会，应当将所议事项的决定作成会议记录，出席会议的成员、成员代表、理事、监事应当在会议记录上签名。

问题解答　根据法律的规定，农民专业合作社召开成员大会，出席人数应当达到成员总数三分之二以上。成员大会选举或者作出决议，应当由本社成员表决权总数过半数通过；作出修改章程或者合并、分立、解散，以及设立、加入联合社的决议应当由本社成员表决权总数的三分之二以上通过。章程对表决权数有较高规定的，从其规定。

李飞等成员应当按照法律的规定召开会议，依法依章程并结合合作社实际情况进行合作社治理。

7 农民专业合作社在什么情况下应当解散？

李飞等经营的农民专业合作社成立后因管理不善，客源不足，经过几个月的试运行，赚的还不如亏的多。李飞等便想及时止损，解散农民专业合作社，但他们不知道如何依法解散合作社。

法条指引 《中华人民共和国农民专业合作社法》第四十八条　农民专业合作社因下列原因解散：

（一）章程规定的解散事由出现；

（二）成员大会决议解散；

（三）因合并或者分立需要解散；

（四）依法被吊销营业执照或者被撤销。

因前款第一项、第二项、第四项原因解散的，应当在解散事由出现之日起十五日内由成员大会推举成员组成清算组，开始解散清算。逾期不能组成清算组的，成员、债权人可以向人民法院申请指定成员组成清算组进行清算，人民法院应当受理该申请，并及时指定成员组成清算组进行清算。

《中华人民共和国农民专业合作社法》第四十九条　清算组自成立之日起接管农民专业合作社，负责处理与清算有关未了结业务，清理财产和债权、债务，分配清偿债务后的剩余财产，代表农民专业合作社参与诉讼、仲裁或者其他法律程序，并在清算结束时办理注销登记。

《中华人民共和国农民专业合作社法》第五十条　清算组应当自成立之日起十日内通知农民专业合作社成员和债权人，并于六十日内在报纸上公告。债权人应当自接到通知之日起三十日内，未接到通知的自公告之日起四十五日内，向清算组申报债权。如果在规定期间内全部成员、债权人均已收到通知，免除清算组的公告义务。

债权人申报债权，应当说明债权的有关事项，并提供证明材料。清算组应当对债权进行审查、登记。

在申报债权期间，清算组不得对债权人进行清偿。

《中华人民共和国农民专业合作社法》第五十一条　农民专业合作社因本法第四十八条第一款的原因解散，或者人民法院受理破产申请时，不能办理成员退社手续。

《中华人民共和国农民专业合作社法》第五十二条　清算组负责制定包括清偿农民专业合作社员工的工资及社会保险费用，清偿所欠税款和其他各项债务，以及分配剩余财产在内的清算方案，经成员大会通过或者申请人民法院确认后实施。

清算组发现农民专业合作社的财产不足以清偿债务的，应当依法向人民法院申请破产。

《中华人民共和国农民专业合作社法》第五十三条　农民专业合作社接受国家财政直接补助形成的财产，在解散、破产清算时，不得作为可分配剩余资产分配给成员，具体按照国务院财政部门有关规定执行。

《中华人民共和国农民专业合作社法》第五十四条　清

算组成员应当忠于职守，依法履行清算义务，因故意或者重大过失给农民专业合作社成员及债权人造成损失的，应当承担赔偿责任。

《中华人民共和国农民专业合作社法》第五十五条　农民专业合作社破产适用企业破产法的有关规定。但是，破产财产在清偿破产费用和共益债务后，应当优先清偿破产前与农民成员已发生交易但尚未结清的款项。

问题解答　李飞等可以依法通过成员大会决议解散合作社，也可以按照合作社章程的规定解散。需要注意的是因这两个原因解散的，应当在解散事由出现之日起十五日内由成员大会推举成员组成清算组，开始解散清算。清算组负责制定包括清偿农民专业合作社员工的工资及社会保险费用，清偿所欠税款和其他各项债务，以及分配剩余财产在内的清算方案，经成员大会通过或者申请法院确认后实施。清算组成员应当忠于职守，依法履行清算义务，因故意或者重大过失给农民专业合作社成员及债权人造成损失的，应当承担赔偿责任。农民专业合作社只有依法律的规定走完解散流程，才能够解散。

8 集体经济组织中，成员需要承担非由自己承包经营所产生的债务吗？

李太平系乙村集体经济组织的成员，承包了一块土地种植蔬菜，并以乙村集体经济组织的名义向某供应商购买种子，约定先交付一半价款，获得销售收入后再支付余款。李太平懒散惰怠，经营成果甚微。此时供应商若向乙村集体经济组织讨债，组织中其他成员需要承担债务吗？

法条指引 《中华人民共和国民法典》第五十六条第二款

农村承包经营户的债务，以从事农村土地承包经营的农户财产承担；事实上由农户部分成员经营的，以该部分成员的财产承担。

问题解答 供应商无权要求乙村集体经济组织的其他成员偿还债务。农村集体经济组织不同于合伙或个人独资企业，成员与组织的债务互不连带。本案中，成员李太平虽然以乙村集体经济组织的名义向供应商购买种子，但实际上该种子用于李太平个人经营，这样的债务与其他成员以及乙村集体经济组织毫不相干，因此，供应商只能要求李太平承担还款责任，而不能要求其他人承担还款责任。

9 法律如何保障农民分户后能够有房居住？

王古是甲村村民，他希望结婚后便自立门户，从父母家中搬出去单独过日子。王古首先考虑到的便是住房问题，而想要建起自己的房子，就必须要有宅基地。王古怎样才能拥有自己修房子所需要的宅基地，并顺利开工建房呢？

法条指引 《中华人民共和国民法典》第三百六十三条 宅基地使用权的取得、行使和转让，适用土地管理的法律和国家有关规定。

《中华人民共和国土地管理法》第六十二条第一款 农村村民一户只能拥有一处宅基地，其宅基地的面积不得超过省、自治区、直辖市规定的标准。

《中华人民共和国土地管理法实施条例》第三十四条 农村村民申请宅基地的，应当以户为单位向农村集体经济组织提出申请；没有设立农村集体经济组织的，应当向所在的村民小组或者村民委员会提出申请。宅基地申请依法经农村村民集体讨论通过并在本集体范围内公示后，报乡（镇）人民政府审核批准。

涉及占用农用地的，应当依法办理农用地转用审批手续。

《村庄和集镇规划建设管理条例》第十八条 农村村民

在村庄、集镇规划区内建住宅的，应当先向村集体经济组织或者村民委员会提出建房申请，经村民会议讨论通过后，按照下列审批程序办理：

（一）需要使用耕地的，经乡级人民政府审核、县级人民政府建设行政主管部门审查同意并出具选址意见书后，方可依照《土地管理法》向县级人民政府土地管理部门申请用地，经县级人民政府批准后，由县级人民政府土地管理部门划拨土地；

（二）使用原有宅基地、村内空闲地和其他土地的，由乡级人民政府根据村庄、集镇规划和土地利用规划批准。

…………

问题解答 王古自立门户后，其户口从原户中分离，成为独立的一户。根据法律的规定，每户村民只能拥有一处宅基地，王古可以据此向农村集体经济组织提出宅基地申请；没有农村集体经济组织的，应当向所在的村民小组或者村民委员会提出申请。宅基地申请依法经农村村民集体讨论通过并在本集体范围内公示后，若无异议，报乡（镇）人民政府审核批准。

建房申请也可以同宅基地申请一起提交，但必须经过法律规定的审批程序。王古在取得政府部门出具的农村宅基地批准书及乡村建设规划许可证后，就可以开始修建房屋了。

10 农户能否与村民互换自己所承包的土地，或进行土地使用权转让？

农户刘泰和刘谷均是乙村村民，作为邻居，两人承包了相邻的土地。但刘泰总觉得自己的土地不够肥沃，刘谷也嫌自己取水过远。机缘巧合，两人一拍即合，决定互换土地。此时，村委会却不允许两人交换。

法条指引 《中华人民共和国民法典》第三百三十四条 土地承包经营权人依照法律规定，有权将土地承包经营权互换、转让。未经依法批准，不得将承包地用于非农建设。

《中华人民共和国民法典》第三百三十五条 土地承包经营权互换、转让的，当事人可以向登记机构申请登记；未经登记，不得对抗善意第三人。

《中华人民共和国农村土地承包法》第三十四条 经发包方同意，承包方可以将全部或者部分的土地承包经营权转让给本集体经济组织的其他农户，由该农户同发包方确立新的承包关系，原承包方与发包方在该土地上的承包关系即行终止。

《中华人民共和国农村土地承包法》第三十五条 土地承包经营权互换、转让的，当事人可以向登记机构申请登记。未经登记，不得对抗善意第三人。

问题解答 村委会的做法于法无据。村民有权通过占有、使用村集体所有的土地取得收益。为了方便耕种或者满足各自的需要，村民刘泰和刘谷将同属于乙村集体经济组织的承包地进行互换是符合生活逻辑与法律规定的。尽管法律中规定可以向登记机构申请登记，但是并未要求互换土地必须经过发包方的同意，此时的登记也仅是让其他人知道该土地的使用权发生了变动，以免产生错误的认识。当然，需要注意的是，如果并非互换，而是村民刘泰想将其所承包的土地使用权转让，则要求受让土地承包经营权的一方与刘泰必须为同一集体经济组织的村民，并且应当经过发包方同意。

11 农民搬去城里居住后，农村闲置的房子可以怎么处理？

刘谷为乙村村民，一辈子勤勤恳恳，生活节俭，攒下了一笔钱，于是在自己的宅基地上修建了一套别墅。别墅修好后没几年，刘谷的儿女将刘谷接到城里居住，别墅自然也闲置了。而目前乙村正好在发展绿色经济、打造乡村旅游业，需要为游客提供一些民宿，刘谷可以将自己闲置的别墅转让出去吗？

法条指引 《中华人民共和国民法典》第二百四十条 所有权人对自己的不动产或者动产，依法享有占有、使用、收益和处分的权利。

《中华人民共和国土地管理法》第九条 城市市区的土地属于国家所有。

农村和城市郊区的土地，除由法律规定属于国家所有的以外，属于农民集体所有；宅基地和自留地、自留山，属于农民集体所有。

《中华人民共和国土地管理法》第六十二条 农村村民一户只能拥有一处宅基地，其宅基地的面积不得超过省、自治区、直辖市规定的标准。

…………

国家允许进城落户的农村村民依法自愿有偿退出宅基地，鼓励农村集体经济组织及其成员盘活利用闲置宅基地和闲置住宅。

国务院农业农村主管部门负责全国农村宅基地改革和管理有关工作。

《中华人民共和国土地管理法实施条例》第三十五条 国家允许进城落户的农村村民依法自愿有偿退出宅基地。乡（镇）人民政府和农村集体经济组织、村民委员会等应当将退出的宅基地优先用于保障该农村集体经济组织成员的宅基地需求。

问题解答 刘谷可以通过退出宅基地的方法将自己闲置的房屋进行转让。根据法律的规定，虽然村民宅基地的所有权归村民集体所有，但法律并未禁止宅基地使用权与房屋所有权在本集体经济组织成员之间流动。法律不仅允许村民通过退出宅基地的形式处理自己在农村的闲置地，而且这种退出、流动机制也是法律所鼓励的。在刘谷已经迁往城市居住的情况下，其房屋和宅基地的闲置对个人和集体来说是资源浪费，因此，刘谷可以向其所在的村集体经济组织提出退出宅基地的申请，将自己的闲置资源变现，村集体经济组织也免去了大兴土木建民宿的麻烦，这既有利于保障村民个人利益，也有利于促进乡村的资源整合与长远发展。

12 能否在被划入永久基本农田的土地上种植果树或养鱼？

甲村的一片土地因土壤肥沃，有良好的水利保障设施，被市政府批准确定为重要粮食生产基地。但甲村集体经济组织认为，这么好的地种植粮食收益甚微，倒不如种些果树或是挖个鱼塘，这样经济收益更好，可让村民的腰包鼓起来。甲村集体经济组织可以按照自己的想法做吗？

法条指引 《中华人民共和国土地管理法》第三十三条 国家实行永久基本农田保护制度。下列耕地应当根据土地利用总体规划划为永久基本农田，实行严格保护：

（一）经国务院农业农村主管部门或者县级以上地方人民政府批准确定的粮、棉、油、糖等重要农产品生产基地内的耕地；

（二）有良好的水利与水土保持设施的耕地，正在实施改造计划以及可以改造的中、低产田和已建成的高标准农田；

（三）蔬菜生产基地；

（四）农业科研、教学试验田；

（五）国务院规定应当划为永久基本农田的其他耕地。

各省、自治区、直辖市划定的永久基本农田一般应当占本行政区域内耕地的百分之八十以上，具体比例由国务院根据各省、自治区、直辖市耕地实际情况规定。

《中华人民共和国土地管理法》第三十七条 非农业建设必须节约使用土地，可以利用荒地的，不得占用耕地；可以利用劣地的，不得占用好地。

禁止占用耕地建窑、建坟或者擅自在耕地上建房、挖砂、采石、采矿、取土等。

禁止占用永久基本农田发展林果业和挖塘养鱼。

《中华人民共和国土地管理法》第七十五条 违反本法规定，占用耕地建窑、建坟或者擅自在耕地上建房、挖砂、采石、采矿、取土等，破坏种植条件的，或者因开发土地造成土地荒漠化、盐渍化的，由县级以上人民政府自然资源主管部门、农业农村主管部门等按照职责责令限期改正或者治理，可以并处罚款；构成犯罪的，依法追究刑事责任。

问题解答 甲村不能这么做，用永久基本农田种植果树或挖鱼塘的做法是违反法律规定的。永久基本农田是耕地中的精华，是我们中国人把饭碗牢牢端在自己手里的重要保障。对永久基本农田实行特别保护，从短期来看限制了相应村集体的权益，但从长远视之，这样的保护是解决中国人民吃饭问题的重要保障，是实现粮食基本自给、口粮绝对安全、种植规模基本稳定的重要保障。永久基本农田主要用于种植粮、棉、油、糖等重要农产品，种植果树或挖鱼塘不仅改变了永久基本农田的用途，还可能对耕地造成破坏。因此，甲村不能将永久基本农田用于种植果树或者挖鱼塘，否则将会受到法律的制裁。

13 村民出门在外，家乡的房屋受法律的何种保护？

老刘是甲村村民，早年外出经商并赚了不少钱，考虑到自己以后要回农村养老，便在自家的宅基地上建了一栋气派的别墅，惹人羡慕。这时候，老刘的二哥却动了歪心思，趁着老刘长期不在村中、未能及时办理不动产权属证书的空档，利用假材料到不动产登记部门申请办理该别墅的不动产权属登记。粗心的登记员也没有仔细检查，便将老刘的豪华别墅登记到了老刘二哥名下，并向其颁发了不动产权属证书。老刘知道后，决定依法维权。

法条指引 《中华人民共和国民法典》第二百一十七条 不动产权属证书是权利人享有该不动产物权的证明。不动产权属证书记载的事项，应当与不动产登记簿一致；记载不一致的，除有证据证明不动产登记簿确有错误外，以不动产登记簿为准。

《中华人民共和国民法典》第二百二十条 权利人、利害关系人认为不动产登记簿记载的事项错误的，可以申请更正登记。不动产登记簿记载的权利人书面同意更正或者有证据证明登记确有错误的，登记机构应当予以更正。

不动产登记簿记载的权利人不同意更正的，利害关系人可以申请异议登记。登记机构予以异议登记，申请人自异议登记之日起十五日内不提起诉讼的，异议登记失效。异议登记不当，造成权利人损害的，权利人可以向申请人请求损害赔偿。

《中华人民共和国民法典》第二百二十二条 当事人提供虚假材料申请登记，造成他人损害的，应当承担赔偿责任。

因登记错误，造成他人损害的，登记机构应当承担赔偿责任。登记机构赔偿后，可以向造成登记错误的人追偿。

问题解答　不动产权属登记是村民主张自己对房屋享有所有权的核心凭证，也是法律对其财产进行保护的基础要素。老刘在建成房屋后，应当及时申请验收，办理不动产权属登记。老刘在发现房屋被冒名登记后，应该尽快与不动产登记部门核对，如果老刘二哥及时承认错误，老刘可以通过更正登记的方法进行权利救济；如果老刘二哥不同意更正，老刘就可以进行异议登记防止房屋被他二哥不当处分，并且应当在申请异议登记之日起十五日内提起诉讼。否则，异议登记失效后再以同一理由申请异议登记的，将不会被受理。当法院作出确权判决后，如果老刘二哥的行为对老刘造成了损害，老刘还可以要求他二哥和进行了错误登记的机构承担赔偿责任。

14 村民全家外出打工，村委会能否单方面收回村民的承包地?

曹大壮为丁村村民，五年以来，全家外出务工，家中耕地无人耕种，房屋也无人居住。村委会主任心想，曹大壮家土地如此肥沃，闲着就浪费了，不如交由身强力壮的其他村民耕种。于是，村委会便单方面决定解除承包合同，收回承包地。

法条指引 《中华人民共和国民法典》第三百二十六条 用益物权人行使权利，应当遵守法律有关保护和合理开发利用资源、保护生态环境的规定。所有权人不得干涉用益物权人行使权利。

《中华人民共和国农村土地承包法》第二十七条 承包期内，发包方不得收回承包地。

国家保护进城农户的土地承包经营权。不得以退出土地承包经营权作为农户进城落户的条件。

承包期内，承包农户进城落户的，引导支持其按照自愿有偿原则依法在本集体经济组织内转让土地承包经营权或者将承包地交回发包方，也可以鼓励其流转土地经营权。

承包期内，承包方交回承包地或者发包方依法收回承包地时，承包方对其在承包地上投入而提高土地生产能力的，有权获得相应的补偿。

《中华人民共和国农村土地承包法》第四十二条 承包方不得单方解除土地经营权流转合同，但受让方有下列情形之一的除外：

（一）擅自改变土地的农业用途；

（二）弃耕抛荒连续两年以上；

（三）给土地造成严重损害或者严重破坏土地生态环境；

（四）其他严重违约行为。

问题解答 村委会不能单方解除土地承包经营合同，收回曹大壮所承包的土地。村委会作为集体土地的发包方，与本集体经济组织的成员签订承包合同，承包方在合同生效时即取得土地承包经营权。此时，承包人对承包地享有的承包经营权属于用益物权，除非法律有明文规定，任何组织或个人均不得收回。即使曹大壮全家外出打工，发包方即村委会也应该引导承包人按照自愿有偿的原则退回承包地或者将承包地的土地经营权流转给其他人，从而避免土地闲置、抛荒，但不能单方面收回承包地。需要注意的是，如果曹大壮已将土地经营权流转给其他人，而受让人让土地抛荒连续两年以上的，承包方即曹大壮可以单方解除合同，收回承包地。

15 村里人口增多，为解决村民用地问题，村委会能否收回已分配土地重新分配？

乙村地处山区，土地资源不够丰富，但由于生产技术的提高以及市场经济活跃，村民日子过得也算富足。近几年村里新增人口较多，村委会渐渐发现土地不够用。此时村委会想把已分配的土地收回重新分配。

法条指引 《中华人民共和国农村土地承包法》第二十八条　承包期内，发包方不得调整承包地。

承包期内，因自然灾害严重毁损承包地等特殊情形对个别农户之间承包的耕地和草地需要适当调整的，必须经本集体经济组织成员的村民会议三分之二以上成员或者三分之二以上村民代表的同意，并报乡（镇）人民政府和县级人民政府农业农村、林业和草原等主管部门批准。承包合同中约定不得调整的，按照其约定。

《中华人民共和国农村土地承包法》第二十九条　下列土地应当用于调整承包土地或者承包给新增人口：

（一）集体经济组织依法预留的机动地；

（二）通过依法开垦等方式增加的；

（三）发包方依法收回和承包方依法、自愿交回的。

《中华人民共和国民法典》第三百三十二条　耕地的承包期为三十年。草地的承包期为三十年至五十年。林地的承包期为三十年至七十年。

前款规定的承包期限届满，由土地承包经营权人依照农村土地承包的法律规定继续承包。

《中华人民共和国民法典》第三百三十六条　承包期内发包人不得调整承包地。

因自然灾害严重毁损承包地等特殊情形，需要适当调整承包的耕地和草地的，应当依照农村土地承包的法律规定办理。

问题解答　在一般情况下，村委会不能收回已经分配的土地进行重新分配。根据《中华人民共和国民法典》等法律的规定，各种土地都有承包期，在承包期内，承包方权益受法律保护，发包方不能任意收回土地；在承包期届满后，土地承包经营权人也就是承包方可以继续承包。但是，如果遇到自然灾害严重毁损承包地等特殊情形，需要适当调整承包的耕地和草地的，发包方也可以在承包期内依照农村土地承包的法律规定调整承包地。至于新增人口的用地，根据《中华人民共和国农村土地承包法》第二十九条的规定，可以从集体经济组织依法预留的机动地中分配，可以通过依法开垦等方式增加土地，也可以对发包方依法收回和承包方依法、自愿交回的土地进行分配。

16 法律如何保障乡村耕地资源？

龚平为丙村村民，承包了一片土地，并一直正常经营。一日，外村亲戚刘泰找到龚平，希望能够在龚平家肥沃的土地上取一大卡车的土。龚平可以按照刘泰的要求办吗？

法条指引 《中华人民共和国土地管理法》第三十六条

各级人民政府应当采取措施，引导因地制宜轮作休耕，改良土壤，提高地力，维护排灌工程设施，防止土地荒漠化、盐渍化、水土流失和土壤污染。

《中华人民共和国土地管理法》第三十七条　非农业建设必须节约使用土地，可以利用荒地的，不得占用耕地；可以利用劣地的，不得占用好地。

禁止占用耕地建窑、建坟或者擅自在耕地上建房、挖砂、采石、采矿、取土等。

禁止占用永久基本农田发展林果业和挖塘养鱼。

《中华人民共和国土地管理法》第七十五条　违反本法规定，占用耕地建窑、建坟或者擅自在耕地上建房、挖砂、采石、采矿、取土等，破坏种植条件的，或者因开发土地造成土地荒漠化、盐渍化的，由县级以上人民政府自然资源主管部门、农业农村主管部门等按照职责责令限期改正或者治理，可以并处罚款；构成犯罪的，依法追究刑事责任。

问题解答　禁止土地承包方擅自在其承包的耕地上直接取土，是我国耕地保护制度的重要内容之一，也是当前我国大力建设美丽乡村的重要内容之一。我国人多地少，耕地是我国农业稳步有序发展的重要基础，因此，我们应当坚持“珍惜、合理利用土地和切实保护耕地”原则，加强对耕地数量和质量的保护，防止耕地遭到破坏，以保障耕地资源的永续利用。

就上述案例而言，龚平不得直接取用自家承包的耕地上的土，因为这样做会严重破坏耕地的种植条件，导致耕地的土壤资源遭到破坏。如果龚平坚持擅自在自家承包的耕地上取土，将会面临限期改正、罚款等行政处罚；如果构成犯罪的，会被依法追究刑事责任。

17 农民将耕地撂荒，发包方能否就该耕地与他人签订承包合同？

范田与妻子弃耕撂荒，南下打工。近年来，国家落实一系列惠农政策，在外饱受漂泊之苦的范田夫妇想回家继续经营承包地。但回村后，村委会以土地已经发包给他人为由拒绝了范田夫妻经营土地的要求。范田夫妻认为村委会的做法不正确。

法条指引 《最高人民法院关于审理涉及农村土地承包纠纷案件适用法律问题的解释》第六条　因发包方违法收回、调整承包地，或者因发包方收回承包方弃耕、撂荒的承包地产生的纠纷，按照下列情形，分别处理：

（一）发包方未将承包地另行发包，承包方请求返还承包地的，应予支持；

（二）发包方已将承包地另行发包给第三人，承包方以发包方和第三人为共同被告，请求确认其所签订的承包合同无效、返还承包地并赔偿损失的，应予支持。但属于承包方弃耕、撂荒情形的，对其赔偿损失的诉讼请求，不予支持。

前款第（二）项所称的第三人，请求受益方补偿其在承包地上的合理投入的，应予支持。

问题解答 村委会的做法不正确，不能将农民放弃耕地简单地理解为农民永久性地放弃土地承包经营权。村委会虽然不得收回承包地，但其本着发挥土地利用价值的原则，应当采取合理措施避免土地荒废。根据《最高人民法院关于审理涉及农村土地承包纠纷案件适用法律问题的解释》的规定，不论发包方是否就该户的承包地与他人签订承包合同，土地承包经营权人弃耕撂荒后都有权要求返还承包地。

18 村委会应该如何分配土地的征收补偿费？

甲市郊区赵家村的部分土地被征收，补偿款接近1000万元。村委会决定，一半由村集体统一支配，另一半在村集体成员之间按人头平均分配，但不到一年的时间，村委会就宣称由村集体支配的500万元已经花完。有些村民要求查账，村委会却以集体财产个人无权过问为由拒绝。村委会的做法是否合法？

法条指引 《中华人民共和国民法典》第二百六十一条 农民集体所有的不动产和动产，属于本集体成员集体所有。

下列事项应当依照法定程序经本集体成员决定：

（一）土地承包方案以及将土地发包给本集体以外的组织或者个人承包；

（二）个别土地承包经营权人之间承包地的调整；

（三）土地补偿费等费用的使用、分配办法；

（四）集体出资的企业的所有权变动等事项；

（五）法律规定的其他事项。

《最高人民法院关于审理涉及农村土地承包纠纷案件适用法律问题的解释》第二十二条 农村集体经济组织或者村民委员会、村民小组，可以依照法律规定的民主议定程序，决定在本集体经济组织内部分配已经收到的土地补偿费。征地补偿安置方案确定时已经具有本集体经济组织成员资格的人，请求支付相应份额的，应予支持。但已报全国人大常委会、国务院备案的地方性法规、自治条例和单行条例、地方政府规章对土地补偿费在农村集体经济组织内部的分配办法另有规定的除外。

《中华人民共和国土地管理法》第四十九条 被征地的农村集体经济组织应当将征收土地的补偿费用的收支状况向本集体经济组织的成员公布，接受监督。

禁止侵占、挪用被征收土地单位的征地补偿费用和其他有关费用。

问题解答 根据法律及司法解释的规定，土地补偿费是属于村集体的，该费用的使用、分配方法应该经村民会议等民主议定程序讨论，并经本集体成员决定。即使对于没有分配的部分，农村集体经济组织也应当公布收支情况，村民有权监督该部分费用的使用情况。本案中村委会自行决定土地补偿费的分配使用，又拒绝村民查账监督的行为显然损害了村民的合法权益。

19 法律如何规范农村养殖场的选址？

刘贵积极响应国家建设美丽乡村、大力发展乡村产业的号召，决定在村里开办一家大型养鸡场。在选址过程中，他发现村里的一处风景名胜区中有一大片空地，这里时常有游客前来参观，因此，他决定将养鸡场建在这片空地上，以吸引游客们的注意力，提高养鸡场的知名度，拓宽销路，增加收入。

法条指引 《中华人民共和国畜牧法》第三十九条 畜禽养殖场应当具备下列条件：

（一）有与其饲养规模相适应的生产场所和配套的生产设施；

（二）有为其服务的畜牧兽医技术人员；

（三）具备法律、行政法规和国务院农业农村主管部门规定的防疫条件；

（四）有与畜禽粪污无害化处理和资源化利用相适应的设施设备；

（五）法律、行政法规规定的其他条件。

畜禽养殖场兴办者应当将畜禽养殖场的名称、养殖地址、畜禽品种和养殖规模，向养殖场所在地县级人民政府农业农村主管部门备案，取得畜禽标识代码。

畜禽养殖场的规模标准和备案管理办法，由国务院农业农村主管部门制定。

畜禽养殖户的防疫条件、畜禽粪污无害化处理和资源化利用要求，由省、自治区、直辖市人民政府农业农村主管部门会同有关部门规定。

问题解答 大力发展养殖业是建设美丽乡村、发展乡村产业的重要内容之一，养殖业的发展对于带动农村经济的发展和提高村民的生活质量具有重要意义。但是，养殖场的选址应当充分考虑当地的基本情况，不影响生活饮用水的水源保护、不破坏生态环境等。就上述案例而言，刘贵养鸡场选址的想法，与我国法律对养殖场选址的禁止性规定相抵触。因此，刘贵无法在该风景名胜区的空地上建养殖场，而应当另行选址，以便合法经营及保护风景名胜区的环境。

20 外出务工的农民还享有土地承包权吗？

甲村村民赵大与赵二从小相依为命，兄弟情谊十分深厚，赵大想要存钱供弟弟娶媳妇，计划外出打工，便将自己承包的土地交由弟弟耕种。他认为一方面可以让弟弟自食其力，另一方面也不至于让耕地荒废，以确保继续拥有土地的承包权。

法条指引 《中华人民共和国农村土地承包法》第五条第二款 任何组织和个人不得剥夺和非法限制农村集体经济组织成员承包土地的权利。

问题解答 赵大作为甲村村民，对其承包的土地享有土地承包经营权，赵大将承包的土地交由同属于同一集体经济组织的弟弟耕种未超越相关权限，任何组织和个人不得以职业、家庭出身、财产状况等理由剥夺和非法限制其承包土地的权利。我国法律保障每个农村集体经济组织的成员都享有土地承包权，村委会等无权干涉。

21 农村妇女是否可以承包经营土地？

何丽嫁入甲村已十年，户口已迁入甲村。最近她想承包一块耕地种菜，村委会因其为女性拒绝相关请求。村委会的做法对吗？

法条指引 《中华人民共和国农村土地承包法》第六条

农村土地承包，妇女与男子享有平等的权利。承包中应当保护妇女的合法权益，任何组织和个人不得剥夺、侵害妇女应当享有的土地承包经营权。

问题解答 村委会的做法不正确。根据我国法律的规定，妇女与男子享有平等的权利，任何组织和个人都不得剥夺妇女的土地承包经营权。土地承包中妇女与男子享有平等的权利是男女平等原则的重要体现。另外，在现实中，农村女孩结婚后往往在男方家落户，妇女在新居住地如果未获得承包地，其在原集体经济组织获得的承包土地，发包方不得收回，其承包土地的权利仍受法律保护。

22 面对行政单位“征而不告”的行为，村民应如何维权？

最近，乙村多位村民状告某行政单位在征用该村土地过程中没有履行法定公告职责，诉称该单位在未经村民同意的情况下在他们承包的土地上施工，在交涉过程中该单位称村民承包的土地已被国家征用，村民无权干涉。该行政单位的做法对吗？

法条指引 《中华人民共和国土地管理法》第四十七条

国家征收土地的，依照法定程序批准后，由县级以上地方人民政府予以公告并组织实施。

县级以上地方人民政府拟申请征收土地的，应当开展拟征收土地现状调查和社会稳定风险评估，并将征收范围、土地现状、征收目的、补偿标准、安置方式和社会保障等在拟征收土地所在的乡（镇）和村、村民小组范围内公告至少三十日，听取被征地的农村集体经济组织及其成员、村民委员会和其他利害关系人的意见。

多数被征地的农村集体经济组织成员认为征地补偿安置方案不符合法律、法规规定的，县级以上地方人民政府应当组织召开听证会，并根据法律、法规的规定和听证会情况修改方案。

拟征收土地的所有权人、使用权人应当在公告规定期限内，持不动产权属证明材料办理补偿登记。县级以上地方人民政府应当组织有关部门测算并落实有关费用，保证足额到位，与拟征收土地的所有权人、使用权人就补偿、安置等签订协议；个别确实难以达成协议的，应当在申请征收土地时如实说明。

相关前期工作完成后，县级以上地方人民政府方可申请征收土地。

问题解答 该行政单位的做法是错误的。根据《中华人民共和国土地管理法》的规定，本案中某行政单位未依法进行公告直接对土地征用，属于"征而不告"的程序违法的征地行为，显然剥夺了村民的知情权、听证权、建议权。基于此，乙村村民可以依法要求行政单位停止侵权，出示相关征地文件，并公布补偿安置方案，否则村民有权拒绝配合征地行为的实施，拒绝办理征地补偿安置手续等。

23 承包合同中约定的不得收回、调整承包地等条款是否有效？

甲村村民郑笑与村委会签订土地承包合同，在合同中，村委会违背郑笑的意愿，列出即使承包的耕地受到自然灾害破坏等严重损失，郑笑也不可请求村委会收回、调整土地的条款。该条款是否有效？

法条指引 《中华人民共和国农村土地承包法》第五十八条 承包合同中违背承包方意愿或者违反法律、行政法规有关不得收回、调整承包地等强制性规定的约定无效。

问题解答 该约定条款是无效的。土地承包应当遵循自愿、民主协商、公平合理、承包方案依法经村民会议同意、承包程序合法等原则。发包方与承包方签订土地承包合同应当遵守法律规定，尊重社会公德，不得损坏社会公共利益，不得将自己的意志强加给另一方。根据《中华人民共和国农村土地承包法》的规定，村委会由于违背郑笑的意愿进行强制性约定，故该条约定无效，但不影响合同其他内容的法律效力。

24 土地承包合同应该包括哪些内容？

村民赵大宝想承包村里一块土地，以户为单位提出申请。在与村委会签订合同时，赵大宝不明白该如何审查此份合同，不明白土地承包合同应当包含哪些内容才能保障自己的合法权益。

法条指引 《中华人民共和国农村土地承包法》第二十二条 发包方应当与承包方签订书面承包合同。

承包合同一般包括以下条款：

（一）发包方、承包方的名称，发包方负责人和承包方代表的姓名、住所；

（二）承包土地的名称、坐落、面积、质量等级；

（三）承包期限和起止日期；

（四）承包土地的用途；

（五）发包方和承包方的权利和义务；

（六）违约责任。

问题解答 土地承包合同是发包方与承包方之间达成的关于农村土地承包权利义务关系的协议。签订土地承包合同，能方便承包方与发包方依照合同约定行使权利和履行义务，避免合同履行过程中发生纠纷。若签订合同的条款清晰明确，那么即使发生纠纷也能较容易地依合同解决纠纷。根据法律的规定，赵大宝与村委会签订的土地承包合同中应列明《中华人民共和国农村土地承包法》第二十二条中规定的条款及其他相关事项。

25 法律如何规制禁渔期内的捕捞行为？

刘大明生在长江流域，长在长江流域，从小就和水结下了不解之缘，长大后他成了一名渔民。刘大明的儿子即将结婚，他想为儿子准备婚房，并在村里筹备一场隆重的婚礼。可是，刘大明没有足够的资金，于是便动了歪心思：虽然现在是禁渔期，但是只要在晚上没人的时候偷偷地捕鱼卖，也没关系。结果，刘大明夜晚捕捞时被执法人员发现。

法条指引 《中华人民共和国渔业法》第三十八条第一款 使用炸鱼、毒鱼、电鱼等破坏渔业资源方法进行捕捞的，违反关于禁渔区、禁渔期的规定进行捕捞的，或者使用禁用的渔具、捕捞方法和小于最小网目尺寸的网具进行捕捞或者渔获物中幼鱼超过规定比例的，没收渔获物和违法所得，处五万元以下的罚款；情节严重的，没收渔具，吊销捕捞许可证；情节特别严重的，可以没收渔船；构成犯罪的，依法追究刑事责任。

《中华人民共和国刑法》第三百四十条 【非法捕捞水产品罪】违反保护水产资源法规，在禁渔区、禁渔期或者使用禁用的工具、方法捕捞水产品，情节严重的，处三年以下有期徒刑、拘役、管制或者罚金。

问题解答 划定禁渔区及开展禁渔期的管理工作，有利于保护鱼类资源、恢复水域生态环境。在上述案例中，刘大明虽然着急为儿子婚礼准备资金，但是应当取之有道。刘大明将受到没收渔获物和违法所得，并且接受罚款的处罚；若情节严重，将被没收渔具，吊销捕捞许可证；若情节特别严重，将被没收渔船；构成犯罪的，将被依法追究刑事责任。

26 法律在何种条件下保障城镇户口子女继承农村宅基地使用权？

李丽因早年读书和目前的工作，将户口迁出农村并取得了城镇户籍。李丽父母为农村户口，并在村里的宅基地上建有房屋。李丽成家后，便把父母从农村接到城里一起生活。十几年过去了，老家宅基地上的房子因长期无人居住，年久失修，已倒塌灭失。如果李丽父母若干年后去世，李丽可否继承老家宅基地的使用权？

法条指引 《中华人民共和国民法典》第三百六十二条 宅基地使用权人依法对集体所有的土地享有占有和使用的权利，有权依法利用该土地建造住宅及其附属设施。

《中华人民共和国民法典》第三百六十三条　宅基地使用权的取得、行使和转让，适用土地管理的法律和国家有关规定。

《中华人民共和国土地管理法》第二条　中华人民共和国实行土地的社会主义公有制，即全民所有制和劳动群众集体所有制。

全民所有，即国家所有土地的所有权由国务院代表国家行使。

任何单位和个人不得侵占、买卖或者以其他形式非法转让土地。土地使用权可以依法转让。

国家为了公共利益的需要，可以依法对土地实行征收或者征用并给予补偿。

国家依法实行国有土地有偿使用制度。但是，国家在法律规定的范围内划拨国有土地使用权的除外。

《中华人民共和国土地管理法》第十一条　农民集体所有的土地依法属于村农民集体所有的，由村集体经济组织或者村民委员会经营、管理；已经分别属于村内两个以上农村集体经济组织的农民集体所有的，由村内各该农村集体经济组织或者村民小组经营、管理；已经属于乡（镇）农民集体所有的，由乡（镇）农村集体经济组织经营、管理。

《自然资源部对十三届全国人大三次会议第3226号建议的答复》六、　……被继承人的房屋作为其遗产由继承人继承，按照房地一体原则，继承人继承取得房屋所有权和宅基地使用权，农村宅基地不能被单独继承。

问题解答 李丽无权继承老家宅基地的使用权。当前，我国正大力建设美丽乡村，而完善相应的制度规范体系，是建设美丽乡村的重要任务，农村宅基地使用权的继承问题则为其中的重要内容。根据我国土地管理制度，农村宅基地的使用权无法单独继承，但是依据《中华人民共和国民法典》的相关规定，土地上的房屋可以合法继承，根据房地一体原则，此时继承人可依法同时取得农村宅基地使用权。就上述案例而言，因李丽老家宅基地上的房屋已经灭失，因此她无法单独继承该宅基地的使用权。

总之，城镇户籍子女继承农村宅基地使用权需要满足“地上有房”的条件，否则无法单独继承农村宅基地使用权，该项制度是我国土地管理制度的重要内容之一，对于美丽乡村的建设具有重要意义。